国家出版基金项目
NATIONAL PUBLICATION FOUNDATION

屈原與宋玉

陸侃如◎著

山西出版傳媒集團
山西人民出版社

圖書在版編目(CIP)數據

屈原與宋玉 / 陸侃如著. -太原: 山西人民出版社, 2014.11
(近代名家散佚學術著作叢刊 / 許嘉璐主編)
ISBN 978-7-203-08699-4

Ⅰ. ①屈… Ⅱ. ①陸… Ⅲ. ①屈原(約前340~約前278)-生平事迹②宋玉(前298~前222)-生平事迹 Ⅳ. ①K825.6

中國版本圖書館CIP數據核字(2014)第205960號

屈原與宋玉

主　　編　許嘉璐
著　　者　陸侃如
責任編輯　梁晉華

出 版 者　山西出版傳媒集團·山西人民出版社
地　　址　太原市建設南路21號
郵　　編　030012
發行營銷　0351-4922220　4955996　4956039
　　　　　0351-4922127(傳真)　4956038(郵購)
E-mail　sxskcb@163.com　發行部
　　　　　sxskcb@126.com　總編室
網　　址　www.sxskcb.com

經 銷 者　山西出版傳媒集團·山西人民出版社
承 印 廠　山西出版傳媒集團·山西人民印刷有限責任公司

開　　本　700mm×970mm　1/16
印　　張　6.25
字　　數　70千字
印　　數　1—3000册
版　　次　2014年11月　第1版
印　　次　2014年11月　第1次印刷
書　　號　ISBN 978-7-203-08699-4
定　　價　14.00圓

《近代名家散佚學術著作叢刊》編委會

出版説明

近代名家散佚學術著作叢刊選取一九四九年以後未再刊行之近代名家學術著作共一百二十册，編例如次：

一、本叢書遴選之著作在相關學術領域具有一定的代表性，在學術研究方向、方法上獨具特色。

二、爲避免重新排印時出錯，本叢書原本原貌影印出版。影印之底本皆經專家組審定，原書字體大小，排版格式均未做大的改變，原書之序言、附注皆予保留。

三、本叢書分爲八大類，以作者生卒年編次。

四、爲使叢書體例一致，本叢書前言後記均采用繁體字排版。

五、個别頁碼較少的版本，爲方便裝幀和閲讀，進行了合訂。

六、少數學術著作原書内容有個别破損之處，編者以不改變版本内容爲前提，部分進行修補，難以修復之處保留缺損原狀。

七、原版書中個别錯訛之處，皆照原樣影印，未做修改。

八、所選版本之抽印本頁碼標注，起始至所終頁碼均照原樣影印，未重新編排標注新頁碼。

由於叢書規模較大，不足之處，殷切期待方家指正。

總序／

披沙瀝金，以爲鏡鑒

◇許嘉璐

多年來有一個問題始終在我腦中盤桓：爲什麼在十九世紀末到二十世紀初，在短短的幾十年裏，中國的各個學術領域竟涌現了那麽多大師級的人物？這是中國近代史上一個極爲重要的現象，我認爲，如果不能給出令人滿意的答案，我們撰寫的近代學術史將是不完整的，甚至是缺乏靈魂的。後來我知道，著名人類學家克羅伯曾提出過一個問題：爲什麽天才成群地來？看來這種現象的出現並非中國所獨有，思考其所以然的也大有人在。而在那一次世紀之交中國的情況，似乎應驗了「天才成群地來」這個令克氏久久不解的疑問。錢學森先生曾從相反的方向提出了相同的疑問：爲什麽我們這個時代出現不了杰出人才？後來人們稱這個問題爲「錢學森之謎」。

要回答這些疑問不是件容易的事。與其迅速地囫圇地探尋，不如先多了解那些讓中國近代學術（應該包括人文科學和自然科學）史上閃耀着光輝的大師們的作品和自述，從而在腦海里盡量「復原」他們所處的環境和在那種環境下的心理路徑，從中或許可以得到一些啓示。

有一點是顯然的，這就是他們雖然都已遠離塵世而去，但是他們獨立思考的品性、求知治學的真誠、困厄窮愁中對節操的堅守，恐怕是他們共同的主觀因素，一直影響到現在，而且將會永遠留存下去。

就思想界、學術界而言，二十世紀上半葉是一個新説和舊説碰撞，中學和西學融匯的大時代。那時的學人極爲重視言行操守，同時具備現代知識分子的理想信念；他們的學術研究十分純凈，絶少功利因素；他們的視界開闊，以包容的心態和嚴謹的風格造就了成果的大氣與厚重。至於在客觀因素一面，他們實際是在用工業化時代的事實解説着太史公所説的名山之作「大抵聖賢發憤之所爲作」，困厄苦難使得他們「皆意有所鬱結」。這種鬱結，幾乎和個人的名利毫無牽涉，他們永遠不能釋懷的，是民族的存亡、國運的興衰、民衆的福禍和文脈的續斷。

那個時代也是近代歷史上最大規模的中西古今學術調適、創新的時期，學術方法上的交互滲透和融合、創新亦可謂「於斯爲盛」。斯時之學人是要在封閉的屋墻上鑿出窗子的勇士，是使人能够看看外部世界的第一批導夫先路者；或者可以説，他們是在「意有所鬱結」時「彷徨」和「吶喊」的「狂人」。

相對於那時的哲人們，後來者是幸運兒。現在的形勢是，近三十年來學界空前繁榮，衆多學科有了長足之進，其中很重要的一點是學界有了更新穎、更廣闊的國際視野，似乎接續上了百年前的學壇盛事。但細想想，「古」與「今」還是有差別的。其異，主要不在於世界情勢、學術進展、工具改善這些客觀存在，而在於在廣泛吸收各國優長的同時，自身文化的主體性越來越受到重視，換言之，「拿來主義」已經延長了「拿來」的程序，加上了試用、甄別、篩選、吸收、融合、成長。就我孤陋所見，在當今地球上，面向所有異質文明，努力汲取我之所缺，其範圍之大和心態之切，似乎無出中國之右者。從這個角度説，我們已經超越了前輩。但是事情還有另外一面，學術，特別是人文學科，其職業化、「沙龍化」和功利性，以及隨之而來的浮躁病却嚴重了。從這個角度説，是不是我們已經後退得够可以的了？而這是不是我們這個時代出不了大師的原因之一呢？

民國學術界的特點之一是極爲注重對傳統的反省、批判與繼承。他們對傳統文化盡最大的努力進行整理和研究。一方面，由於戰亂頻仍，民不聊生，學者們擔起了讓中華文化薪火相傳的歷史責任；另一方面，他們要通過對中國傳統文化的整理、挖掘來重振民族自信心。這一時期對傳統文化進行整理的全面而深入是前所未有的，舉凡文字學、語言學、經濟學、法學、哲學、政治制度、書法繪畫、金石學……規模之宏大，研究之精微，令人嘆爲觀止。

民國學術推動了現代學科體系的建立。在對傳統文化整理和研究的基礎上，吸收西方的文化思想和理念，推動和建立了中國現代學科體系。例如，在對語言文字和音韵學成果進行整理、研究的基礎上開始着手規範之，建立了國語學；深入研究書法、國畫，將其融入了現代美術學科；在廢除舊有學制後逐步建立起小、中、大學較完整的科目和學科體系。

民國學術也改變了傳統學術方式，建立了新的研究範式。以現代科學考古爲發端，科研的實踐和成果使中國知識界真正認識到在實驗、比較基礎上的邏輯分析對學術研究的重要，推進了中國學術的一大演變。至於我們常説的打破士大夫傳統、走出書齋到田野鄉村和市民中進行調查研究、結束了經學時代、以歷史眼光檢視儒學和諸子等等，都是確立新學術範式的努力。這一轉變，也標誌着中國學術界脱胎换骨，全面進入了現代，爲此後的學術發展奠定了堅實的基礎。當然，西方啓蒙運動以來，在「現代性」和「現代化」裏潛伏着的缺陷和謬誤也傳到了中國，這些不能不在前哲的著作裏留下痕迹。這並不奇怪。類似的情況，古往今來孰能免之？猶如今天的我們，誰敢自稱我之所見就是永恒的真理？在這個問題上兩個時代所異者，或許就在昔時大家創立新説或譯註西學著作，往往是懷着對學術和前哲的敬畏而爲之，故而常常誤不在我；當今則往往出於對學問和他人的輕蔑，或以所研究的對象爲謀己的工具，因而難辭主觀之咎吧。翻閱他們的心血之作，這些復雜的狀況可以顯見，可以視之爲我們的一面鏡子。

滄海桑田，世事變幻，歷史的動盪和時代的遮蔽，使當年許多大師的一些極有價值的學術著作被棄於故紙堆中，不能不令人有遺珠之憾。爲此，山西人民出版社不惜以數年之艱辛，披沙瀝金，編輯出版這套近代名家散佚學術著作叢刊，凡一百二十册，計文學、史學、政治與法律、美學與文藝理論、民族風俗、宗教與哲學、經濟、語言文獻共八大類别。所選皆爲作者之純學術著作，無論是其見解、精神，抑或是其時代烙印，都是後輩學人可資借鑒的寶貴財富。他們出版這套叢書，意在讓世人不忘來程，知筆路藍縷之不易，爲民族文化的傳承再增薪木。

出版社的初衷，與我近年來所思所慮近似，故願略述淺見於書端，以與策劃者、編輯者和讀者共勉。

二〇一四年七月六日

改定於自安東回京途中

前言／

猛回頭，那支支紅燭

——二十三種民國文學研究著作概覽

◇梁歸智

「視爾夢夢，天胡此醉？於時處處，人亦有言！」

此聯乃北京宣南（宣武門外舊城區）北半截胡同四十一號中「莽蒼蒼齋」楹聯。齋主何人乎？即戊戌變法失敗而捐軀之「六君子」中翹楚譚嗣同字復生號壯飛者也。慈禧太后發動政變，逮捕維新黨人，友人勸譚嗣同逃避，他堅辭曰：「外國變法未有不流血者，中國變法流血請自嗣同始。」乃於一八九八年九月二十四日被捕，繼而遇害於菜市口。臨刑前仍大呼曰：「有心殺賊，無力回天；死得其所，快哉！快哉！」

自此而後，果然爲變法——改變社會制度而流血不止，一九一一年十月十日辛亥革命成功，中國歷史上最後一個封建王朝被推翻，一九一二年一月一日中華民國成立。然餘波未息，新瀾迭起，袁世凱竊國，張勛復辟，北洋軍閥混戰，國民黨軍北伐，中國共產黨成立，國共爭鋒，時而合作，時而破裂，日本入侵，八年抗戰，勝利後繼以三年內戰，終於以一九四九年十月一日建立中華人民共和國而告一大段落。

從一九一二年一月一日到一九四九年十月一日，凡三十八年，此即「民國」時段也。

三十八年過去，彈指一揮間。戰焰紛飛，生靈涂炭，歷史真是「相斫書」！而文明的燭火，點點簇簇，飄曳閃爍於如磐夜氣之中，雖遭暴風，遇疾雨，而終不熄不滅。其中最具象徵性的事件，乃一八九七年二月二十一日在上海成立之商務印書館，於一九三二年一月二十九日遭日本侵略軍針對性轟炸，占全國出版量百分之五十二的出版巨頭損失一千六百三十萬元，百分之八十以上資産被毁，其所屬東方圖書館同時被炸，四十五萬册圖書化作劫灰，其中有無數古籍善本、孤本！日軍侵滬司令鹽澤幸一狂吠：「炸毁閘北幾條街，一年半就可恢復，只有把商務印書館、東方圖書館這個中國最重要的文化機關焚毁了，牠則永遠不能恢復。」而劫難後的商務印書館，懸掛出「爲國難而犧牲，爲文化而奮鬥！」的巨幅標語，經半年即宣告復業，實現了「日出一書」的奇迹。

由於歷史演變的吊詭，民國時期的出版物，在一九四九年以後的中國大陸，大多數遭遇了被遺忘的命運，沉埋於少數圖書館的塵封角落。斗轉星移，時來運轉，二十一世紀進入了第二個十年，山西人民出版社推出這套叢書，遴選民國出版的若干學術精品，分學科編纂，蔚爲盛事大觀。此分卷是對中國文學（主要是古典文學）的研究，共二十三種。下面對這二十三種書籍作一個概覽性的介紹。

先看這些書的作者。生年不明者毋論外，出生最早的當屬韓柳文研究法的撰者林紓，他誕生於一八五二年（清文宗咸豐二年），卒於一九二四年（民國十三年——一九一二年爲中華民國元年）。出生最晚的是陶淵明批評的作者蕭望卿，誕生於一九一七年（民國六年）。這二十位作者中，一些是後來成爲大家的著名人物，林紓之外，有大學者徐珂、章太炎、陳寅恪、呂思勉、陸侃如、周貽白、趙景深，著名作家蕭乾等。此外的作者，則屬於有一定學術建樹或僅留下少量著述的文化人。

從作品看，這二十三種著作有某一種文學或某個人作品的分論，如詩經之女性的研究、曹子建詩的研究，也有某一長時段的文學史或文藝理論性質的概説，如清代詞學概論、中國戲劇小史。其中陸侃如三種，趙景深兩種；而陳寅恪和蕭望卿的兩種著作研究對象相同而又篇幅短小，合爲一册；陸侃如有兩種合爲一册。故，這裏一共有二十位作者的二十三種著述，却是二十一册文本。

分册介紹述評，是按照著作内容所關涉之中國文學史發展綫索的先後爲序？還是以研究者的情況或者書册的寫作出版先後爲序？却是一個頗讓人躊躇的問題。因爲近四十年的民國，正是中國社會從傳統向近現代激烈轉型的時段，不僅作者的思想認識，書册的觀點立場，而且連書寫的語言文風，都存在鮮明的古今遞嬗演變的痕迹。經考量，决定采取折衷的立場，即基本上按照文學史發展的脈絡綫索，先概説性著作，後專題性研究，同時顧及其他因素，將徐珂、林紓、章太炎的三種以文言文表述的著述放在最後予以推介月旦，也算是對橫跨清王朝與民國兩代之文化先驅者的致敬。

中國文學小史，作者趙景深，生於一九〇二年，卒於一九八五年，主要以元雜劇、宋元南戲和古典小説的輯佚考證而名世，代表性著作爲曲論初探、宋元戲曲本事、宋元南戲考略、中國小説叢考等。這本中國文學小史是他二十多歲時的作品，上海的大光書局出版，後再版重印，達二十次之多。他於一九三六年寫「十九版序」，這樣説道：「十年前，我跟隨着新文學浪漫運動的巨潮向前推動，當時我充滿了熱情和詩趣，喜歡説一點帶有情感的話，喜歡像做詩一樣的寫文章。……也許讀者們這樣的愛讀這本小書，使牠達到十九版，清華大學入學考試且曾指定此書爲唯一的參考書，大約都是爲了牠使人讀起來不至於十分頭痛吧？」

以西方的學科意識而撰述「中國文學史」，二十世紀以始，共有數百本。第一本中國文學史爲何人所寫？或曰英國人，或曰日本人，或曰俄國人。中國人自己最早撰寫的中國文學史，一般認爲乃林傳甲一九〇四年撰中國文學史，黄人（黄摩西）亦於同年撰同名之書。林著是在當年之京師大學堂即後來之北京大學撰成，黄著是在當年之東吴大學即後來之蘇州大學撰成，歷史演變的軌迹斑斑俱在。趙景深的這本「小史」，名副其實，牠篇幅很小，如作者自表，「我只是寫一本中國文學的常識；或者，我是在説一個故事」。其特色不在學術含量的全備高深，而在簡略概約，蜻蜓點水，却時見談言微中；同時文風清麗活潑，很適於普及。

中國文學小史凡三十五節，第一節「緒論」，第二節「詩經」，第三節「屈原宋玉」，第三十四節「清代的詩文」，第三十五節「最近的中國文學」。從詩經、楚辭始，司馬相如和司馬遷，曹氏父子，陶淵明與謝靈運，唐詩，宋詞，元曲，明清的小說、傳奇和詩文，面面俱到，而最後一節，更有聞一多、汪靜之等的詩歌，郁達夫、魯迅等的小說，田漢、丁西林等的戲劇，周作人、朱自清等的散文等。

比起今日的文學史經典著作，此書自然不可能在材料的全備準確和學理的系統精深方面爭勝，但其特色也頗堪注目，即那時還沒有後來的一些教條框架，因而一些說法能讓人眼前一亮，細想也頗堪玩味。如論到李白和杜甫的同異，這樣對比：

李白：南方化、仙品、出世、浪漫、受道家影響、才、情、樂自然；

杜甫：北方化、聖品、入世、寫實、本儒教見地、學、性、泣時事。

與後來的經典化定位大同小異，而更加言簡意賅，同時還有一些生動的表述，如這樣談論李白：「我們也曾想像到一個眸子炯然，腰束玉帶，身穿宮錦袍，在采石磯邊狂歌於船頭的詩人麽？這便是天才豪放的李白。」後面對李杜的「優劣」也一語到位：「李白是樂天的，杜甫是悲觀的。」「他們兩人作風如此不同，當然我們不能分出優劣來。」比起一九四九年以後幾部文學史的某些教條化論述，以及郭沫若的李白與杜甫之立場偏頗，民國時期學人的思想自由客觀公允躍然紙上。

詩經之女性的研究，謝晉青著。此書曾作爲商務印書館「國學小叢書」、「萬有文庫」而數次出版重印。謝氏生於一八九三年，卒於一九二三年，乃日本留學生、南社社員，另有譯著西洋倫理學史（原作者日本人三浦藤作）。詩經之女性的研究共十節，其實就是對十五國風裏的女性題材特別是愛情婚戀詩歌的思想與藝術分析評價。其「緒論」説：「我這次是想在詩經中，發掘古代婦女問題的，並不是做考據底工作，在意義方面，我們總以詩底本義爲歸宿，那些不可靠的誤解，我們一概不取。在藝術方面，我們總以普遍而真摯的平民主義爲歸宿，那些不自然的附會穿鑿，我們也一概排斥。」「結論」則總結説：「詩經底十五國風，原來存詩一百六十篇，其中經我認爲有關婦女問題的，共計八十五篇。這八十五（篇）詩，若再依性質來區別，那就是：最多的爲戀愛問題詩，其次即爲描寫女性美和女性生活之詩，再其次就是婚姻問題和失戀問題底作品了。爲什麽戀愛問題底作品，占最大的數目呢？這就因爲兩性問題，是在人類生活上，占最重要的地位底證據。」

此書的許多具體分析賞鑒相當細緻，頗能體現民國以來西方推崇女性張揚人性思潮對古典文學研究的影響，一九四九年以後中國文學史中的相關評述，傾向立場，實承其緒。

有關楚辭的著作，共選有兩種：陸侃如屈原與宋玉、何天行楚辭作於漢代考。

陸侃如，生於一九〇三年，卒於一九七八年，是二十世紀五六十年代中國著名古典文學專家，他與夫人馮沅君合著之中國詩史是開創性的著作。此外撰有樂府古辭考、陸侃如古典文學論文集、中國文學史簡編、中國古典文學簡史，及與高亨合著楚辭選，與牟世金合著文心雕龍選譯、劉勰論創作、劉勰與文心雕龍等。屈原與宋玉是在他的處女作屈原、宋玉基礎上整合而成，却也算得上這一研究領域初具規模的「集大成」之作。書共六節：一、引論；二、屈原的生平；三、屈原的作品；四、宋玉的生平；五、宋玉的作品；六、餘論。最後列「參考書目」，自王逸楚辭章句、洪興祖楚辭補注、朱熹楚辭集注以下凡四十種。可以說，後來關於楚辭研究的許多重要問題都已經有所體現或涉及，算得上是此領域近現代研究的一冊早期代表性著作。

楚辭作於漢代考的作者何天行生於一九一三年，卒於一九八六年，對浙江遠古文化——良渚文化的發掘考證有重要貢獻，出版有杭縣良渚鎮之石器與黑陶，是著名的考古學著作。楚辭作於漢代考受當時顧頡剛疑古學派的影響，論證楚辭各篇皆作於漢代，離騷的作者是淮南王劉安。這種觀點是楚辭研究中的一家之言，後來朱東潤也持相近觀點。楚辭作於漢代考的寫作曾受到蔡元培的鼓勵，完成於抗日戰爭發生前夕，作爲一種歷史痕迹，於楚辭學的演變具有參考價值。

漢代詞賦之發達，商務印書館一九三五年出版，其作者金秬香，生平待考，他另有駢文概論一書，爲商務「萬有文庫」第一集中叢書，則金氏乃當時知名文化人無疑。漢代詞賦之發達共十章，對漢賦作了比較全面的考察研究，其第一章「辭字之解釋」辨析「辭」與「詞」字義語源的來龍去脈，認爲「楚辭漢賦」中「辭」應作「詞」，故全書行文，皆稱「詞賦」。其後各章，對「賦字之定義」、「詞賦之源流」、「詞賦之作用」、「詞賦之分析」、「漢代詞賦之所由盛」、「漢代詞賦之所由衰」、「漢代詞賦發達之原因」、「漢代詞賦之種類」、「漢代詞賦之變遷」分別討論，漢代重要詞賦作家作品多已涉及，全書行文爲淺近文言。由於詞句多古僻，深入研討漢賦者歷來不多，此書可視爲漢賦研究的早期圭臬。

陸侃如樂府古辭考，完成於一九二五年，商務印書館一九三〇年出版，堪稱是對漢樂府研究的開山之作。共八章，依次爲：一、引言；二、郊廟歌；三、燕郊歌；四、舞曲；五、鼓吹曲；六、橫吹曲；七、相和歌；八、清商曲。序例有云：「樂府是中國文學史上很重要的材料。但是研究起來，較詩經楚辭爲難，因爲没有適當的參考書。……近來研究詩經楚辭的人很多，但很少有人研究樂府的。這本小冊子的問世，便是希望能引起讀者對於樂府的興趣，大家來作湛深的研究，使樂府的真價值不致永久的湮没。」雖是「小册子」，而能於漢樂府爬梳史料，清理源流，辨析考鑒，確有開闢之功，後來的研究者，實受其惠。

此册還另有陸侃如的一篇論文左思練都考，北京大學出版部一九四八年出版，乃對西晉詩人左思撰寫三都賦搆思十年的傳統説法提出异議，認爲「事實上三都賦的搆思恐怕超過二十年」，引證古籍，分析辯駁，是一篇專門的考證文章。

原廣州師範學院院長陳一百，生於一九〇九年，卒於一九九三年，是一位教育家。其所著曹子建詩研究於一九四〇年由上海三通書局出版，一九七一年香港大地出版社再版。書分上下篇，上篇包括曹植傳略、曹子建集的傳本考略、曹植詩歌的情感、後世諸家對曹植的評論；下篇兩部分，分别是曹植詩選讀和曹植樂府選讀，文末附有清代學者丁晏的魏陳思王年譜。此書也算對曹植其人其詩的一種早期研究的痕迹，可供後來者借鑒參考。

陶淵明之思想與清談之關係、陶淵明批評二書篇幅不大，故合爲一册。前者爲陳寅恪的一篇論文，燕京大學哈佛燕京社一九四五年出版；後者爲蕭望卿著，開明書店一九四七年出版。陳寅恪生於一八九〇年，卒於一九六九年，是名震遐邇的文史大師，毋庸多介。蕭望卿生於一九一七年，卒於二〇〇六年，曾先後於西南聯大和清華大學深造，並與聞一多、朱自清、沈從文等大家交往密切，一九四九年後任教於河北師範學院中文系，述而不作，僅有此陶淵明批評傳世。

陶淵明之思想與清談之關係不愧名家名作，條理清明，言簡義豐，實爲後世研陶之先驅。文章首先追溯從漢末、魏到晉的「清談」之風，「然則當時諸人名教與自然主張之互異即是自身政治立場之不同，乃實際問題，非止玄想而已」。「略述淵明之前魏晉以來清談發展演變之歷程既竟，茲方論淵明之思想，蓋必如是，乃可認識其特殊之見解，與思想史上之地位也。」再討論陶淵明與佛教徒慧遠等頗有交往，而其思想不染佛風，乃因爲「蓋其平生保持陶氏世傳之天師道信仰，雖服膺儒術，而不歸命釋迦也」。同時，陶淵明「自以曾祖晉世宰輔，耻復屈身異代」，他的「自然」思想，「與當日實際政治有關，不僅是抽象玄理無疑也」。

最後論定陶淵明作爲思想家的崇高地位：「淵明之思想爲承襲魏晉清談演變之結果及依據其家世信仰道教之自然説而創改之新自然説。……不似舊自然説之養此有形之生命，或别學神仙，惟求融合精神於運化之中，即與大自然爲一體。……故淵明之爲人實外儒而内道，捨釋迦而宗天師者也。推其造詣所極，殆與千年後之道教採取禪宗學説以改進其教義者，頗有近似之處。然則就其舊義革新，『孤明先發』而論，實爲吾國中古時代之大思想家，豈僅文學品節居古今之第一流，爲世所共知者而已哉！」

陶淵明批評共三章：陶淵明歷史的影像、陶淵明四言詩歌論、陶淵明五言詩的藝術。這本書是文學史角度的陶淵明專論，與陳寅恪的思想論合而觀之，可謂陶淵明的「全影」，一九四九年後陶淵明研究的輪廓理路，其實皆在其籠罩之下。

此書前有朱自清的序，言短義豐，對陶淵明批評的價值貢獻，可謂已經説盡。陶淵明「詩最少，可是各家議論最紛紜。考證方面且不提，只説批評一面，歷代的意見也够歧異够有趣的。本書『歷史的影像』一章頗能扼要的指出這種演變。在這紛紜的議論之下，要自出心裁獨創一見是很難的。但這是一個重新估定價值的時代，對於一切傳統，我們要重新加以分析和綜合，用這時代的語言，重新表現出來。本書批評陶詩，用的正是現代的語言，一鱗一爪的，雖然不是全豹，表現着陶詩給予現代的我們的影像。這就與從前人不同了。」「本書二三章專論陶詩的作風和藝術，不厭其詳。從前人論陶詩，以爲『質直』『平淡』，就不從這方面鑽研進去。但『質直』『平淡』，也有個所以然，不該含胡了事。本書詳人所略，便是這方面的努力。」「陶淵明的創獲是在五言詩。本書說『到他手裏，才是更廣泛的將日常生活詩化』，又說他『用比較接近說話的語言』，是很得要領的。」「歷來評論者推崇他的五言詩，因而也推崇他的四言詩，那是有所蔽的偏見。本書論四言詩一章，大膽的打破了這個偏見，分別詳盡的評價各篇的詩。」

陶淵明之思想與清談之關係用文言行文，簡潔清雅；陶淵明批評則是生動活潑的白話文，没有一九四九年後的八股教條氣味。今天的人閱讀起來，也感到很親切的。

唐代文學史，陳子展著。陳氏生於一八九八年，卒於一九九〇年，一九三三年起一直任教於復旦大學，以詩經直解、楚辭直解名世。唐代文學史於一九四四年由作家書屋（姚蓬子在上海開的書店）出版，一九四七年重印，共八章，分别是：一、說到唐代文學；二、初唐詩人；三、盛唐詩人；四、中唐詩人；五、晚唐詩人；六、古文運動；七、唐人小說；八、晚唐五代詞人。對整個唐代文學，作了梳理概述，篇幅不長，內容全面，可以視爲後來中國文學史唐代文學部分的早期代表作。其中的說法，今天看來自然不新鮮，放在當年的時代背景下，則頗可稱道。如論李白與杜甫的優劣：

> 可見一個肯自命爲狂者，一個不諱言爲腐儒。一個抱超世主義，源於道家思想；一個抱淑世主義，源於儒家思想。一個幻想超昇仙境，一個不忍離開君國。總之，他們的作品都是他們自己生命純真的表白。
>
> 大抵李杜於詩的手法上，一個側重自然，一個側重雕飾。風格上一個豪放飄逸，一個沈（即「沉」）鬱頓挫。各有各的價值，各有各的生命。

商務印書館「國學小叢書」有顧彭年杜甫詩裏的非戰思想，一九二八年出版，一九三三年重印，據作者序言，書完稿於一九二五年。商務印書館「萬有文庫」中又有顧氏現代歐美市制大綱一書，一九三〇年出版。此外知道他從事過新體詩的翻譯與創作，其餘生卒年和生平等則概不清楚。杜甫詩裏的非戰思想共五章加一個附録：一、緒言；二、杜甫傳；三、杜甫的時代；四、杜甫以前及他同時代的反對戰争的思想與作品；五、杜甫詩的非戰思想；附録：杜甫時代重要之戰争與叛亂年表。

杜甫爲「詩聖」，杜詩乃「詩史」，歷來研究繁夥。此書以「非戰思想」爲中心主題，表現出明顯的時代印記。如作者自序中所云：「迨江浙戰争發生後，作者對於戰争的惡魔的面龐益認識清楚，這位大詩人的非戰作品，也就愈加湧現在我的腦際了，但因戰争的驚擾，屢次遷徙，心如蝴蝶，如浮萍，飄蕩無定，不克專心於此，直到逼近年節，始把牠修改好，字數已比初稿增加了一倍以上。」今日之杜甫研究成果已經汗牛充棟，而此册小書，仍於讀者開卷有益，在於戰争之兇惡痛苦，人類仍未能完全消弭避免。而此書感同身受的寫法，就不僅是一本研究著作的影響了。其緒言末段的感慨最能傳達不以時代變遷而更改的情愫：「我們所處的時代與杜甫的時代有不少的地方相類似；環境的艱險比他的有過之無不及；我們的兄弟，所流的血泪，所受的凌辱與壓迫與騷擾，比他的時代的人更甚；但當今能代表時代的作品有幾？能真切的表現自己所處的環境的佳制有幾？具有完整，聖潔，毅勇，偉大的人格而爲民衆呼吁的詩人安在？」

唐人詩中所見當時婦女生活，作家書屋一九四七年出版。作者劉開榮，一九三五年考入金陵女子文理學院中文系，一九四一年畢業，一九四三年完成此書。劉開榮後來又去燕京大學歷史系深造，在陳寅恪指導下完成唐代小説研究，一九四七年商務印書館出版，一九五〇年再版，一九五三年三版，臺灣亦曾三次重版。

唐人詩中所見當時婦女生活書前除作者自序外，尚有華西大學華西週刊主編陳國樺序、陳中凡序及華西大學英文系外教費爾樸序。陳國樺序末署「（民國）三十二年二月十二日序於華西大學」；陳中凡序末署「民國三十二年一月二十五日」、「成都華西壩廣益學舍」，費爾樸序末署「一九四三年春」、「於四川成都」，而劉開榮自序末署「（民國）三十二年一月二十二日於華西壩」，是則其時劉開榮與陳中凡俱任教於華西大學。書之正文共九章：一、引論；二、勞動婦女（上）；三、勞動婦女（下）；四、民間一般婦女的日常生活；五、民間一般婦女的精神生活；六、妓女生活；七、宮庭婦女及貴族婦女生活；八、女冠子生活；九、結論。

陳國樺序有云：「處在中國抗建（即抗戰與建設——引者）的現階段，如欲建設新中國，必須動員二萬萬多女同胞的力量，共同參與偉大的建設工作。著者劉開榮君寫成此書，實無异提出婦女解放的問題，請大家重新加以嚴肅的考慮，因爲唐代的婦女生活，又何異於現代的婦女生活呢？」

陳中凡序則説：「我以爲此文可以作爲唐代婦女史看。因爲我國古代史家專紀帝王名臣的史績，至今中國史書有帝王家譜之譏。社會上廣大群衆反被擯於史書領域以外，真是憾事。今讀此文，方知道史家所忽略的東西，詩人乃一唱三歎，反復申詠。只要後人加以探討，就可以把當日被壓迫的一般婦女實際情形，畢露無遺。」

費爾樸序（英文，劉開榮譯成漢語）贊美：「本書作者劉開榮女士，本人會詩，也善爲富有詩意的散文，可以説是給近代的文學寶庫添上了一幅生動的圖畫——一幅女人的美麗的夢景。『唐代的光榮』不但包括有金漆的畫棟和迴廊，光彩奪目的瓷器，以及吴道子的山水名畫，并且有琳琅滿目的辭林文苑，裏面活躍地呈現着宮庭裏莊嚴的婦女，也舞動着詩人們生花的筆尖。」

劉開榮的自序中則如是説：「本書的目的，不是要研究某一人某一事，而是要像一個攝影專家，把唐人詩中所反映的當時婦女生活的斷片，一一剪下來，拚在一起，使人一看便可得到一個個鳥瞰。所以凡能對當時的婦女生活，給一綫光明或一絲暗示的詩料，作者都不肯割捨。尤其關於佔有人精神生活一大部份的兩性間的言情談愛的記載，作者更要把它赤裸裸地呈現在讀者的面前，讓讀者進到他們的精神世界裏面去，不再襲用以往的成見，把君臣的關係拉扯上去，加以牽强附會的解釋了。」

可見這册書，無論作者與評者，都更注重其對「新婦女觀」的弘揚，而於唐代文學研究的價值反而在其次。劉開榮身爲女性，於有關女性的詩作更容易心有戚戚焉。這自然也受當日西學日漸張揚女權等社會情境、時代風氣和思潮的影響。今日的讀者，則更注重其學術層面的價值。如陳汝潔説：「有人説劉開榮的這本書實踐了陳寅恪先生的『以詩證史』的思想，我仔細讀了之後，覺得劉著與陳寅恪先生的元白詩箋證稿相比，還是差別較大的。陳著箋釋元白詩，往往證之以史籍，能使人明了詩中所寫何者爲史實何者爲虚構。在陳來説，『以詩證史』又何嘗不是『以史證詩』。而通過『以史證詩』所揭示出的元白詩中的今典，對讀者理解元白詩具有重要作用。以注釋來説，能注出今典比注明古典難度要大。寅恪先生在元白詩箋證稿中揭示了大量今典，因難能而可貴。而劉著在全書中很少涉及當時的史籍，所以讀後讓人覺得是她從全唐詩中分類披檢關乎婦女詩作，費了不少工夫而欠了一點功力，無法望陳著項背。但劉著是一部有趣的書，她把唐詩中關於婦女的詩作檢索、排比出來，讓人知道唐詩中的這一類。倘若她能够進一步讓讀者知道詩中所寫的這些婦女生活，哪些合於唐代史實哪些是詩人虚構，那該多好！不過，從書名來看，她大約認定唐代詩歌中所寫即是當時社會中所有，真的嗎？我認爲這需要證明。」

清代婦女文學史，一九二七年二月中華書局初版，一九三二年十二月再版，共十七萬五千字。作者梁乙真，河北獲鹿人，生於一九〇〇年，一九二五年後就讀於上海南方大學，卒年及生平不詳。除清代婦女文學史外，尚著有中國文學史話、中國民族文學史、中國婦女文學史和元明散曲小史。

清代婦女文學史共列舉了漢、滿閨閣名媛、娼門、女冠、難女、乞丐女性作者三百餘人。內容目録爲：第一編明清兩朝婦女之極盛時期；第二編清代婦女文學之極盛時期（上）；第三編清代婦女文學之極盛時期（下）；第四編清代婦女文學之衰落時期；第五編清代婦女文學雜述。

書前有王蘊章序、王燦芝序和自序，書末附録清代婦女著作家表及人名索引。此書受謝無量中國婦女文學史啓發和影響，但後來居上。王蘊章和王燦芝都給予較高評價。當代女性文學研究者也頗加青目，評論其重視女性張揚女權的思想意義高於文學史意義。所謂二十世紀三部女性文學史梁乙真居其二。

宋代文學，呂思勉著。呂氏生於一八八四年，卒於一九五七年，是著名歷史學家，其中國通史、秦漢史、讀史札記等都是史學名著。這册宋代文學一九二九年由商務印書館出版，共六章，分别是：一、概説；二、宋代之古文；三、宋代之駢文；四、宋代之詩；五、宋代之詞曲；六、宋代之小説。

此書行文用淺近文言，梳理宋代各體文學的代表作家、演變發展脈絡相當全面，可視爲宋代文學史的早期代表作。其觀點議論，具有二十世紀早期的清明樸實，非如後來受各種所謂「範式」拘限者。如論三蘇之文：蘇洵「筆力堅勁，自以老泉爲最。然老泉好縱横家言，恒以權譎自喜，而其言實不可用。故其議論，多有不中理者」。蘇軾「則見解較老泉爲高。雖亦不脱縱横之習，然絶去作用處，時或近於道家。非如老泉一味以權術自矜也。尤妙在能以明顯之筆達之。晚年文字，則心手相忘，獨立千載」。蘇轍「氣象不如其父兄之雄奇；才思横溢，亦非乃兄之敵。然議論在三家中最爲平正，文亦較有夷然澹蕩之致，則亦非父兄所能也」。宋代文學專設駢文一章，也是後來的文學史一般所忽略的。

中國詞史大綱，胡雲翼著。胡氏生於一九〇六年，卒於一九六五年，曾於中學、大學任教，後爲上海中華書局、商務印書館編輯，於唐宋詩詞研究深湛，有宋詞研究、宋詩研究、宋詞選、唐詩研究等著作行世，影響頗大。中國詞史大綱，北新書局（創立於北京，後遷上海）一九三五年出版。此書分兩編，第一編爲「唐五代詞」，共九章，第二編爲「北宋詞」，共十四章，共録詞人凡五十七家。

此書爲近代意義上對詞這一形式溯波追源之較早學術著作，也可以説是研究宋詞的早期經典。其論詞與詩之區別云：「長短句的歌詞在文人的社會裏確立以後，牠的發展漸漸地把不甚協樂的律絶詩壓倒了。我們看樂曲裏面的長命女、烏夜啼、漁夫詞、長相思、江南春、步虚詞、鳳歸雲、離别難、金縷曲、水調歌、白苧等調，最初都是用五七言絶句歌詞，後來都改用長短句的歌詞了。中唐詩人還有寫律絶詩給樂工伶妓們去唱，到晚唐竟失掉歌詩之法，只有長短句的歌詞了。這不顯明的是：長短句的歌詞藉着在音樂上的便利，把整整的歌詩打倒了嗎？」詞的興盛在音樂這一歷史的核心問題，如此明白曉暢地揭示了出來。

詞的歷史分期，此後的文學史，都以中國詞史大綱的説法爲準，如北宋詞的演變：「歷史的發展，則可分爲四個時期：第一個時期是小詞的時期，以晏殊、歐陽修、晏幾道諸人爲主幹；第二個時期是慢詞的時期，以柳永、秦觀諸人爲主幹；第三個時期是詩人的詞的時期，以蘇軾、黄庭堅諸人爲主幹；第四個時期是樂府詞復興的時期，以周邦彦、李清照諸人爲主幹。」與後來的文學史相較，中國詞史大綱没有「婉約派」「局限於個人趣味」，「豪放派」「關注國家社會」「積極入世」一類意識形態評論語言，更顯學術性的單純。

趙景深著宋元戲文本事，北新書局一九三四年出版，但其完成於一九二三年六月。這是對宋元南戲研究的筆路藍縷之作，其開闢之功永耀史册。作者在自序中説：「這一本小書的目的是想把已佚的宋元戲文輯録出來，作爲研讀中國文學的一個參考；爲了恐怕專載佚文太枯燥，斷簡殘篇湊在一起也令人有丈二金剛之感，於是也附一點本事，把殘文貫串起來，使得讀者看這一本書不像是摹（即『摩』）挲古董，而像是在讀幾篇很有趣味的短篇小說。」

書共九章，輯自南九宮譜、新編南九宮詞、雍熙樂府、九宮大成南北詞宮譜，內容包括：一、王煥和王魁；二、陳巡檢梅嶺失妻；三、四種戀愛戲文；四、王祥卧冰；五、黃周兩孝子；六、江流和尚；七、僅存三五曲的元代戲文；八、僅存兩曲的元代戲文；九、僅存一曲的元代戲文。

中國戲劇小史，周貽白著。周氏生於一九〇〇年，卒於一九七七年，是著名中國戲曲史家和中國戲曲理論家，還曾經創作並演出話劇作品三十部上下。他首先提出並詳細論證中國戲曲的三大聲腔源流——崑曲、弋陽腔和梆子腔，厥功甚偉。他於一九三六年出版中國戲劇史略和中國劇場史（商務印書館），中國戲劇小史乃在前二書基礎上再加補充修訂，於一九四六年由上海的永祥印書館印出。後來又出版中國戲劇史（一九五三）、中國戲劇史講座（一九五八）、中國戲劇史長編（一九六〇），以及遺著中國戲劇發展史綱要（一九七九），都是以中國戲劇小史爲基礎的。

中國戲劇小史共八章：一、中國戲劇的形成；二、唐宋的戲劇；三、南戲與北劇；四、明代戲劇的概況；五、崑曲與亂彈；六、皮黃劇的勃興；七、文明戲與話劇；八、中國戲劇前途的展望。今天的讀者，要了解中國戲劇發展的歷史，當然有後來居上者的書可讀，但前驅者的貢獻也是不容抹殺的。中國戲劇小史的意義就在這裏。

中國小說的起源及其演變，正中書局（陳果夫一九三一年創立於南京）一九三四年出版，作者胡懷琛。胡氏生於一八八六年，卒於一九三八年，一九三二年被聘爲上海市通志館編纂。他搜集整理一批上海地方史志珍貴資料，卓有貢獻。其藏書以詩文集和課本爲特色，如三字經、百家姓、千字文、千家詩等，收集齊全，劉鶚稱其爲「三百千千」。收集外文書籍和少數民族作者的漢文詩集一千餘種，可惜其藏書在抗戰時多半被日寇炸毀。一九四〇年，其子胡道静將殘餘之書捐獻給了震旦大學。

中國小説的起源及其演變共六章：一、本書説到的範圍；二、小説的起源及小説二字在中國文學上的涵義之變遷；三、中國小説「形」的方面的演變；四、中國小説「質」的方面的演變；五、現代小説；六、研究中國小説參考的書目。第一章開宗明義：「本書所講的，只有兩件事情如下：（一）是中國小説的起源，與小説二字涵義的變遷。（二）是中國小説的演變，並現代小説的標準。」

研究小説者歷來推崇魯迅的中國小説史略和胡適的中國章回小説考證，那自然是開山的典範之作。其後錢静芳小説叢考、蔣瑞藻小説考證等也都功力深湛，卓然有成。本書算得上是一册史論相結合的小説研究著作，在中國小説研究的歷史進程中，雖然不如上述幾種著作那麽經典，却也有其歷史的價值和意義，從「可讀性」來説，則更占優勢。如此書説到中國小説的歷史變化，通俗易懂而能切中肯綮：「由古代的傳説在口上，演變成寫在紙上，這是一變。宋代的説話勃興，這是第二變。宋人的話本，由説給人家聽的，變爲直接給人家看的，這是第三變。紅樓夢、儒林外史等，只是寫的，不是説的，這是第四變。然而『説』和『寫』，仍是同時候存在的，決不是變成後者，前者就消滅了。只不過互有盛衰而已。」

此外説到的一些情況，也頗能讓我們對於歷史的演變，有一種親切的感知。如：「在民國前一二年，有周作人譯的域外小説集，是用文言譯西洋的短篇小説。不過是大失敗了。這失敗並非域外小説集自身不高明，只是和那時候的讀者程度相差太遠。第一不歡喜讀這種無頭無尾的短篇小説，第二不歡喜讀平淡無奇的故事，第三不歡喜這種比較生硬而樸質的文言。結果，這部書當時幾乎没有人知道。」

書評研究，商務印書館一九三五年出版。作者蕭乾生於一九一〇年，卒於一九九九年，是著名翻譯家、作家、富有傳奇色彩的二戰記者，畢業於燕京大學新聞系，後去英國劍橋大學任教並讀碩士學位，一九四三年領取了隨軍記者證，正式成爲大公報的駐外記者，也是二戰時期歐洲戰場的唯一中國記者，一九九五年中國作家協會授予其「抗戰勝利者作家紀念碑」榮譽。三百二十萬字的蕭乾文集包括小說、散文、特寫、回憶録等，譯作莎士比亞戲劇故事集、好兵帥克以及與夫人文潔若合譯的尤利西斯等更是影響巨大久遠。

隨着近現代出版業的發展，書評也逐漸增多，但對這種新型的文學批評樣式作正式的研究，書評研究可以説是拓荒之作。書共八章：一、序論；二、書評家；三、閱讀的藝術；四、批評的基準；五、批評的藝術；六、書評的寫作；七、書評與讀書界；八、附録。此書的核心思想是，書評是有益於社會的嚴肅工作，書評家是具有特殊身份的知識者，代表讀者的鑒定者，文化生産的監督人，而不是庸俗、獻媚的商業廣告商。如：「一切批評都必須基於清澄的理解。批評的公允實即理解深澈的反映。」「書評家寧可改業廣告，永不可用批評的地位作兜售的營生。」「對讀者他服務，却也不侍奉如奴隸。他把讀者看成智力的平等者。他並不武斷地强迫讀者接受他的意見，也不賣弄學問如一塾師。讀者的好惡是受風氣支配的，但他不追隨那風氣，他不固執，却有信仰。」無疑，即使在今天，書評研究仍然有牠的現實針對性和意義。

清代詞學概論，上海大東書局一九二六年出版。其作者徐珂生於一八六九年，卒於一九二八年，爲光緒舉人，袁世凱天津小站練兵時的幕僚，一九〇一年任上海外交報、東方雜誌編輯，後爲商務印書館編輯，其所編纂的清稗類鈔是享譽學林的文史巨著。

清代詞學概論共七章：一、總論；二、派別；三、選本；四、評語；五、詞譜；六、詞韵；七、詞話。作者雖入民國，而其傳統文化教養的底色，濃郁深厚，迴非後來人可比。故此書行文，爲優美洗練的文言，而其對清詞演變脈絡的勾勒，代表性詞人的品評，乃至資料的選録等，都有「個中人」的真知灼見，可謂言簡意賅，高屋建瓴，非後來研究者搬弄西洋「範式」敷衍成文者可及。無疑，此書可列入「學術經典」的行列，不像本選集大多數作品具「過渡轉型」之身份色彩也。

如清代詞學概論評騭「清初之詞」的代表作家，「最著者」爲朱彝尊、陳維崧，「兩人並世齊名」，而前者「情深，所作詞高秀超詣，綿密精美，其蔽爲餖飣」；後者「筆重，所作詞天才艷發，辭鋒横溢，其蔽爲粗率」；「繼之而起名重一時者，實惟納蘭容若。門第才華，直越北宋之晏小山而上之，其詞纏綿婉約，能極其致，南唐墜緒，絶而復續」。再如説清詞之派别：「有清一代之詞，有二大别：一浙派，一常州派，亦猶散體文之有桐城陽湖二派也。」這些基本的定位，都成了後來各種文學史、清詞史祖述的圭臬。再如書中説到「才人之詞」、「學人之詞」、「詞人之詞」的三分法，也直搗黄龍，揭示本質，對後世影響深遠。

韓柳文研究法著者林紓生於一八五二年，卒於一九二四年，堪稱是一位清末民初的文化奇人。他是桐城派散文的殿軍，一點不懂西洋語言文字，僅憑聽人口述，把一百八十多種西方小説翻譯成漢語，成爲向古老中國介紹西方文學的開山人。「林譯小説」，曾經是好幾代人的最愛，用文言表述的漢譯西方小説，成了中西文化交流史上一道奇异的瑰彩。

韓柳文研究法亦是文言文著作，對韓愈和柳宗元的多篇古文逐一評論，細緻深入，作者所持觀點立場，則完全是傳統的儒家思想體系和桐城派衡文的法眼，完全不見西學影響的痕迹。此亦可見所謂民國時段之文化形態，新舊雜陳，多元豐富也。

前有馬其昶（一八五五——一九三〇）短序，馬氏乃桐城派後勁，清史稿之「儒林」、「文苑」卷總纂。其序説與林紓「同客京師，一見相傾倒，别三年，再晤，陵谷遷變矣。而先生著書談文如故，一日出所謂韓柳文研究法見示」。所謂「陵谷遷變」，即指清朝滅亡而民國建立，韓柳文研究法於一九一四年由商務印書館出版，則此書或峻稿於清季。馬其昶贊美林紓「於史漢及唐宋大家文，誦之數十年，説其義，玩其辭，醰醰乎其有味也」。林紓於韓愈、柳宗元的古文沉浸涵泳，所謂「韓氏之文，不佞讀之二十有五年」，則其所得所會，自然和後來接受了西方文藝思想的研究者，無真賞而僅「分析批判」所見大爲不同。

如林紓這樣評析韓愈的文章寫作技巧：「韓氏之能，能詳人之所略，又略人之所詳。常人恒設之籬樊，學韓則障礙爲之空。常人流滑之口吻，學韓則結習爲之除。漢所謂摧陷廓清者，或在是也。」「韓文能抑絶掩蔽，不使自露。不佞久乃覺之。……不善學者，往往因蔽而晦，累掩而澀。……所難者，能於掩蔽中，有淵然之光、蒼然之色，所以成爲昌黎耳。」

再如評柳宗元：「柳州段太尉逸事狀，與昌黎張中丞傳後叙，均洋洋有生氣，亦皆良史之才也。不佞甚惜柳州不爲史官，其寫忠義慷慨處，氣壯而語醇，力偉而光斂，可稱極筆。」「若公在永州，一荒昧不辟之區，必待糞除，其勝始出。是永州之勝，均係諸公之一言。則非極力描摹，山容水態，亦不易流傳於藝苑。集中諸文皆佳，而山水之記，尤爲精絶，雖大同小异，然各有經營。韓公猶望而却步，何論其他。」

文學論略，章太炎著。章太炎生於一八六九年，卒於一九三六年，太炎是號，名炳麟，在小學（語言文字學）、歷史、哲學、政治方面都有卓越貢獻，乃近代的國學大師。我的業師姚奠中先生是章先生最後招收的研究生之一，把對文學論略的評介作爲這一個系列學術著作的「收官」，格外具有意味。

文學論略首發於一九〇五年的四川學報（未完），一九二五年上海的群衆圖書公司出版，一九二六年再版，後來又成爲國故論衡的一部分。文學論略前面有胡適的一篇序，其中的一些話很有意味：

這五十年是中國古文學的結束時期。做這個大結束的人物，很不容易得。恰好有一個章炳麟，真可算是古文學很光榮的結局了。章炳麟是清代學術史的押陣大將，但他又是一個文學家。

他是能實行不分文辭與學説的人，故他講學説理的文章都很有文學的價值。

但他究竟是一個復古的文家。他的復古主義雖能「言之成理」，究竟是一種反背時勢的運動。

總而言之，章炳麟的古文學是五十年來的第一作家，這是無可疑的。但他的成績只够替古文學做一個很光榮的下場，仍舊不能救古文學的必死之症，仍舊不能做到那「取千年朽蠹之餘，反之正則」的盛業。他的弟子也不少，但他的文章却没有傳人。

文學論略開宗明義：「何以謂之文學？以有文字，著於竹帛，故謂之文；論其法式，謂之文學。凡文理，文字，文詞，皆謂之文；而言其采色之煥發，則謂之彣（讀『文』，文采之意）」。這裏的核心思想，即文、史、哲不作絶對區分的「文學」觀念。而這一點，正是中國文化的根蒂，與西方講究分科別類的「科學」文藝學大異其趣。從表面看來，如胡適所批評，章太炎的這種文學觀是「復古主義」，「反背時勢」。胡適在序言結尾説：「章炳麟在文學上的成績與失敗，都給我們一個教訓。他的成績使我們知道文學須有學問與論理做底子，他的失敗使我們知道中國文學的改革須向前進，不可回頭去。」

以五四新文化運動爲起始標誌的「白話文」運動，正是沿着胡適的主張發展前行的，魯迅的「拿來主義」主張也主宰了整個二十世紀的中國文學和文化的走向。我們所評介的民國學術著作，絶大多數也體現了這個方向和主旨。但問題並不是單一的，歷史也是復雜的，如今我們回顧反思，在肯定胡適所説「改革必須向前，不可以回頭去」的歷史合理性一面的同時，也必須正視章太炎的文學主張，蕴含有更深層的中國傳統文化之精義奥旨，而且隨着人類文化在二十一世紀出現的困境，越來越具有啓示意義。單從對文學的認識來説，章太炎標榜的文、史、哲大會通的中國傳統文化的根本立場，也是有其文化深刻性和現實針對性的。

因此，對民國長達四十年時段的學術著作及其體現的思想方向，也不能簡單化地對待，忽視其所體現的歷史走向必然性與新價值的合理性是不對的，過分拔高推崇也有所偏頗。畢竟，那是一個「過渡」、「轉型」的時期，其多數學術文化著作也必然帶有「過渡」、「轉型」的色彩，是「進行時」和「未完成時」，距離「經典」尚有距離。從戊戌變法到辛亥革命到五四運動，一直到一九四九年，泛民國時段（包括其醖釀鋪墊時期）之中國現代化歷程從肇始而前行，歷經曲折，其激烈變化之歷史空隙中艱難産生的學術文化，有其大膽引進勇敢開拓而攝人心魄的一面，也有其嘗試而稚嫩、外來與傳統磨合不甚相契的一面。近世之社會轉型文化轉型乃大勢所趨，民國的學人們做出了艱苦的努力和卓越的貢獻，如何能在吸取世界其他文明滋育的同時，又能使中國傳統文化精粹得以恢弘發揚，再造輝煌，此正民國以來直至今日，中國知識界文化界苦苦思索探尋而歷久彌新之時代課題！

正是在這個意義上，民國的學術著作，這些體現了當日中國文化精英思考、研究、探索中國的社會與國家之現代化轉型的成果，其中的材料等或已經是舊痕陳迹，而其所思考的問題，所探索的思路，所提出的設想，以及這些著作本身的種種成就和不足，對於今天的中國現實，仍然具有攻錯借鑒的意義。他山之石，可以攻玉，何況此本非他山之石，正我山自有之石乎！

欲滅其國族，必先滅其文史。民族的歷史，特別是文化史、思想史、學術史，誠乃一國一族之精魂慧命之所在所基。當年日本侵略者之所以轟炸商務印書館與東方圖書館者，正深諳此理也。而商務印書館鳳凰涅槃浴火重生之艱苦奮鬥，亦未稍懈於斯。

民國語文，也在「轉型」途程中，這些學術著作的文風，大多是一種「尚存文言痕迹的白話文」。今天的青年讀者閱讀起來，也許會有异樣的感覺，但也可謂別具一種風味。而此二十三種著作的作者，絶大多數爲南方人，如浙江、江蘇、湖南、福建等省份，這些著作又大都在上海出版，由此亦可見民國時期文化發展的大情勢。這二十三種著作的二十位作者，當其撰寫著作之時，應該説彼此質素、學養都相差不遠，而其後之發展結局，則有的著作等身成爲大家大師，有的則後勁不足而逐漸湮滅少聞，固然各人機遇運會不同，而個人心志的堅持和努力之有無强弱，無疑是最主要的因素。對今日之學人特別是青年，不也很有啓發意義嗎？

潛入歷史的塵霾中排沙簡金，而選擇出此二十三册著作，並非筆者所爲，因而對此種簡選是否即能代表民國時期文學研究的大體大略，實亦不敢斷言，滄海遺珠或在所難免。而忝膺爲此編叢書作序的重任，惶恐之意，自不待言，管窺蠡測，亂彈胡侃，尚祈盼海内外方家不吝指教。但披閲這些先賢的著述，恰如驀然回首，向幽深的夜，重新點燃支支老紅燭。「紅燭啊！是誰制的蠟——給你軀體？是誰點的火——點着靈魂？」（聞一多紅燭）

點點燭光，明輝熠熠，回顧往昔，瞻望將來，道一聲：願我們的中國，鑒古灼今，發揚傳統精華，吸取五洲營養，漸進改革，持續開放，醒獅昂首，闊步奮行，前程佳美！

二〇一四年四月一日於大連

作者簡介

陸侃如（一九〇三年—一九七八年），著名學者，原名侃，又名雪成，字衍廬，筆名小璧，祖籍江蘇太倉。畢生致力于中國古代文學的研究和教學工作，著述甚豐。一九二〇年，入北京高等師範學校。一九二二年考入北京大學。一九二四年由北京大學中文系畢業，考入清華大學研究院專攻中國古典文學。他與夫人馮沅君合著的中國詩史是第一部開創性的影響較大的著作，中國古典文學簡史已被譯成英文和羅馬尼亞文。

屈原與宋玉

目錄

屈原與宋玉

章一　引論

屈平辭賦懸日月。
——李白，江上吟。

搖落深知宋玉悲，
風流儒雅亦吾師。
——杜甫，詠懷古蹟。

誰是中國文學之祖？我毫不遲疑的說：屈原與宋玉。他們不但給予楚民族文學以永久的生命，并且奠定了中國文學的穩固的基礎。

現在，讓我們先看看屈宋以前的中國文學——尤其是楚民族的文學——是怎麽樣的。

中國古代的文學大概可以分商、周、秦、楚四個民族來研究。但是我們要問：一，爲什麽分民族來研究？二，爲什麽只研究四個民族？關於第一個問題，我們可以回答：因爲牠們有不同的來源，不同的環境等等。依舊說牠們同是黃帝的子孫：

黃帝
- 玄囂—蟜極—高辛
  - 契（商）
  - 棄（周）
- 昌意—高陽
  - □……女脩（秦）
  - 卷章（楚）

（古民族僞世系表）

然而這個「舊說」是極不可靠的。這一點說來話長，最明顯的是：他們互稱或自稱蠻夷。周人稱商爲「戎」，「戎」一見於尚書康誥，再見於周語所引太誓，三見於逸周書世俘及商誓。又稱紂爲「夷」，一見左傳所引太誓，再見於墨子非命，三見於逸周書明堂及祭公。而且商人根據地在東方；周人則與於西方，由「陶復陶穴」的「戎狄之俗」而漸漸進步：二民族之不同源可以推知。秦之與周亦然。

魏策引朱己的話，稱秦爲『戎狄；』秦本紀引申侯的話，稱秦主爲『戎』他們祖先似以女爲主（女脩、女華等）生活似以畜牧爲主（大費、中衍、造父等）這與周民族是完全不同的周楚的關係也如是。周人稱楚爲『蠻夷，』（如魯語下引榮成伯的話，及晉語六引欒武子的話，）又稱爲『荆蠻』（如晉語八引叔向的話，及鄭語引史伯的話，）楚人也自稱『蠻夷』（如楚世家引熊渠的話。）其他如方言官制服飾音樂的不同（如左傳，國語，國策方言等書所載的，）都可助證他與周異源。——總之，商周秦楚是四個不同的民族，是可以相信的。懂得了這一點，方不至汨沒古文學的眞相。

關於第二個問題，我們可以回答：因爲除此四民族以外，沒有作品流傳下來。同時的小民族，如淮、舒等，都是沒有文學的。較早的如夏民族及夏以前的作品，又都靠不住。現存的如馮惟訥詩紀古逸所載夏及夏以前的詩三十餘篇，嚴可均全上古文載夏及夏以前的文三十餘篇，其僞易知，我們不必一一細考。現在只排出較重要的虞夏書及山海經來說一說。關於虞夏書，我們只略論今文部分：

（1）堯典及舜典——如『宅南交，』『以閏月定四時成歲，』『金作贖刑，』『蠻夷猾夏』

等句都非堯舜時所應有。

(2)皐陶謨及益稷——如『曰若稽古皐陶』句顯係後人追敍，而所載禹治水的故事亦早經近人證其爲晚起的傳說。

(3)禹貢及甘誓——如『厥貢璆鐵銀鏤砮磬』及『乃召六卿』等句都非夏時所有。

關於山海經，大概是三個時期作成的(詳見中國公學中國文學季刊拙作山海經考證：)

(1)山經——經中言鐵及郡縣，故知是戰國時作。

(2)海外經及海內經——經中多漢代地名，神話多由淮南子地形訓引伸而來，篇末又有劉歆題名，疑係漢人所作而爲歆校書時所附入者。

(3)大荒經及海內經——經中多漢代地名，神話多由海外內經引伸而來，且在漢志十三篇之外，大約是東漢人所作。

由這很簡單的考證，我們已可以知道牠們都是後出的書。——總之，除商周秦楚四民族以外，是沒有文學可以供給我們研究的。(詳見拙編古代文學史。)

說明了這兩點，我們可以敍述屈宋以前的中國文學了。現在先敍述商民族的文學。商民族的文化，恰當從新石器時代到銅器時代的及從遊獵時代到初期農業時代的過渡期間。嚴格的講，商民族是沒有文學作品流傳下來。現存的如詩紀古逸所載商詩數篇，全上古文所載商文十餘篇，顯然是不可信的。卽就今文商書及詩商頌而言，亦非眞作。商頌乃是春秋時宋國的詩，早經論定，無庸贅述。商書亦然，只有盤庚尙爲一部分人所信。其實第一句『盤庚遷于殷』卽是僞證，因爲商人自己不稱『殷』的。所以現在只能從卜辭及一部分的金文中推測商文學。卜辭是盤庚至帝乙時的遺物，光緒二十五年在河南彰德小屯發現。其中常常講到舞，（如『[illegible]舞』『[illegible]舞』等）可以推測商人定有些舞歌或祭歌，不過已經失傳罷了。有幾段篇幅很長（如書契精華第一二頁所載）已有散文的雛形。金文中的一部分，如薛尙功所錄的乙酉父丁彝己酉戍命彝及兄癸卣呂大臨所錄的亶甲觚及足跡罍，吳式芬所錄的戊辰彝，觪尊庚申父辛角及般甗等，近人從其出土之地及文句上證明爲商器；此說若確，則我們也可從其款識上推測商的散文。總之，就現在看來，商文學只能推測，還說不上研究。

次述周民族的文學。周民族的僞作也不少，茲就其可靠者論之。初期的韻文，可以詩經裏的周頌與大小雅爲代表。周頌以祭歌舞歌爲主，內容方面既難免堆砌阿諛之譏，形式方面如用韻及分章上也異常幼稚拙劣，這大概是時代較早的原故。大雅較周頌爲進步，而小雅尤勝。小雅中的抒情詩風格迫近國風，爲初期韻文中之傑構，而生民、六月等敍事詩，頗具史詩的雛形，也値得注意。後期的韻文，以九國風與魯頌爲代表。國風向稱十五，然二南與『風』不同體，應提出獨立，故縮爲十三；又邶鄘二風經近人證其爲有目無詩，各篇應并入衞風，故再縮爲十一。就民族論，秦風歸秦，陳風屬楚，故三縮爲九。九國風中，豳檜爲西周詩，王、衞、唐爲東周初年之詩，齊、魏爲春秋初年之詩，鄭曹爲春秋中年之詩；而衞風篇數最多，且產生女詩人許穆夫人，故最可注意。其他各風中佳著也不少，總之，風是詩中最重要的部分。魯頌最晚出，約當前六世紀中年；就文學的價値上講，也最不重要。至於散文方面，初期者可以今文周書及易卦爻辭爲代表。今文周書中頗多僞作，惟大誥與費誓差爲可信。大誥篇幅雖長而條理不清楚，重複的字句尤夥；故在文學的技術上，費誓進步得多了。（費誓不是伯禽時作，乃是魯僖公時作。）卦辭爻辭是古代民間流行的一種介於韻文散文之間的作品，其所代表的社會背景似乎較早，而其字句的寫定則恐很晚。其句法不但與小雅、國風相同甚多，且有迫近論語者（如『屯如邅如』之如字。）不過牠們實在沒有什麼文學價值。後期的散文，可以春秋，論語，墨子，孟子，左傳，國語及韓非子爲代表。牠們中半爲山東的產品（如春秋，論語，墨子及孟子，）半爲山西的產品（如左傳，國語及韓非子。）前者內容多說理（只有春秋是例外，）形式多短篇；後者內容多敍事（只有韓非子是例外，）形式多長篇。就年代論，前者多是前四五世紀的作品；後者多是前三四世紀的作品。由此，也可看出後期散文漸進及演變之跡。不過周文學有兩點不能使我們滿意：其一，散文大都不是史學家的記載，便是哲學家的著述，沒有純粹的文藝；其二，韻文雖多佳作，然作者及其生平十九無考，使後代研究者無從下手。這未免美中不足。

次述秦民族的文學。韻文方面最早是詩經裏的秦風，約當西歷前七八世紀的時候。內容多詠軍旅之事，表現民族尚武的精神。其次是石鼓文（牠的年代異說紛紜，然從文字上看來，知是秦末稱王時之物。）十鼓中有的述遊獵，有的敍燕飲，有的記行程，有的致祝頌，風格最近大小雅。最後爲荀況（況爲趙人，而趙與秦同族）與李斯的作品。荀況的作品以賦篇與成相爲主。賦篇是詠物其名而說理其實的作品，成相是由民間春聲而演成的長篇說理論。他除仿詩經外，還受有楚民族的影響，因爲他留楚很久。李斯的刻石銘，則全受大小雅的影響，最明顯的是三句一韵的格式，完全由釆芑而來。至於散文方面，最早的是尙書裏的秦誓爲前六二七年的作品，與費誓差不多同時，風格也相近。自此以後，秦散文似乎中衰，到前三世紀時，方有呂氏春秋與荀子；到統一後，又有李斯的文章與戰國策。不過這些都不能算嫡派的作品。呂氏春秋與戰國策都是編集而成的書，而荀況又是當時一位『國際的』學者。只有李斯可以說是唯一的秦散文作家，其諫逐客書尤爲古代文學上的傑作，至今膾炙人口；但其他各篇則不能稱是。總之，秦民族文學只是周文學的附庸，沒有很高的地位。

最後，述楚民族的文學。牠的起源與秦文學差不多同時。最早是詩經裏的二南與陳風。前人對二南的時地都弄錯。詩中言及的地名如江、漢、汝、河、南等，都在楚的範圍以內；而何彼穠矣稱平王，甘棠稱召伯（卽召穆公虎，非召公奭）都是前八世紀的人物。這二十五篇爲楚文學之始祖。稍晚爲陳風（陳與楚方言官制等均同，）表現南方的『巫風』至爲重要（參看漢書地理志。）詩經以外的民歌，還有前七世紀的子文歌（見說苑至公篇）與楚人歌（見同書正諫篇，）前六世紀的越人歌（見同書善說篇）與徐人歌（見新序節士篇，）前五世紀的接輿歌（見論語，）孺子歌（見孟子）及庚癸歌（見左傳。）從這些民歌可以看出楚文學漸漸脫離周文學的範圍而獨創新格。到九歌出世，楚文學便正式宣告成立。九歌十一篇的年代大約在前四八九年以後（因爲左傳說楚昭王不肯祭河，何伯祭河，必在他卒後，）在前四五三年以前（因爲戰國時通行騎戰，國殤尚言車戰，當在三家分晉前，）故舊說經屈原修改全係胡說。這十一篇是民間的祭歌，故多雜有言情的分子。其詞句之秀美，表情之眞摯，使牠們在文學史上佔有很高的位置。自此以後，楚文學日漸興盛。散文方面有老子和莊子。老子是一種介於韵文散文之間的哲學小品文，形式略近易卦爻辭，而遠非卦爻所能及。莊子也是哲學的散文，以說理爲主，也偶有抒情的分子。說理文進步到莊子，正如敍事文進步到左傳一樣，那是古文學的極高峯了。韵文方面則有屈宋——

且住！屈宋要留待下文細講。我們看了上文所述屈宋以前的中國文學（也有同時的，如老、莊、荀、韓等，）我們更覺到他倆在文學史上地位的重要。商民族文學既無從研究，秦民族文學也只爲周之附庸，而周民族八百年的歷史又未產生一位大文學家。許穆夫人嗎？她事蹟既不詳悉，作品流傳尤少。左丘明嗎？左傳國語二書早經近人證明非他所作，且僅史學的記載而非純粹的文學作品。總之，你要在古代文學中找一位能作我們研究對像的大文學家，你一定要遇見失敗的。有之，自屈宋始。古代若無屈宋，則文學史決沒有那樣燦爛；而楚民族若無屈宋，則楚文學也決佔不到重要的位置。所以，凡研究中國文學的人——尤其研究古代文學的人——都不可不從屈宋下手。

章二　屈原的生平

朝飮木蘭之墜露兮，
夕餐秋菊之落英。
苟余情其信姱以練要兮，
長顑頷亦何傷！

——屈原，離騷。

現在我們要硏究屈原——先敍述他的生平，次批評他的作品。

我們知道屈原的傳記是最難作的，因爲關於他的事蹟知道得太少。到最近因許多學者的努力，我們的智識漸漸的豐富了。

離騷說：

帝高陽之苗裔兮，
　朕皇考曰伯庸。
攝提貞于孟陬兮，
　惟庚寅吾以降。
皇覽揆余于初度兮，
　肇錫余以嘉名。
名余曰正則兮，
　字余曰靈均。

這一段自敍的話引起後代學者許多爭論，現在只能該括的說一說，（詳見亞東本屈原卷首拙作屈原評傳。）高陽即顓頊傳說爲黃帝之孫，楚之始祖。（見史記楚世家。）大約楚盛後要自附於古代的正統，屈原爲楚同姓，故先敍他屈本爲楚武王子瑕食采之地子孫以爲氏（見元和姓纂。）伯庸是他的父親（見王逸楚辭章句，）一說是他的受姓之祖（見王闓運楚詞釋。）第三四句記他的生年月日。依夏歷推算下來，正是楚宣王二十七年（即周顯王二十六年，西歷前三四三年）正月二十一日（是劉師培古歷管窺）若依周歷推算，則爲同年三月二十二日（見陳瑒屈子生卒年月考）下次記他的名字。他本來名平，字原（見史記屈原賈生列傳；）正則是小名，靈均是小字（見蔣驥山帶閣注楚詞）一說是各釋『平』『原』二字之義，以爲美稱的（見朱熹楚辭集注。）這些，我們都難斷定誰是誰非。此外，類此的傳說尚多，茲略舉一二。例如關於他的家庭的，我們知道有個阿姊名女嬃（見離騷，）一說非姊名（見梁章鉅文選旁證及王闓運楚詞釋。）傳說她曾勸慰阿弟，故地名秭歸（見水經注；）又傳她曾收斂阿弟之尸（見張蒲雜說；）恐不甚確。又如關於他的遺族的，傳說其子怨父沈江，亦投水死，爲水神名黑神（見蘄州志；）又益陽有其女墓名緯英（見長沙府志；）都難置信。又如關於他的住宅的，一說在秭歸縣北樂平里（見水經注，）一說在湘陰縣北玉笥山（見湘陰縣志，）一說在巴陵縣東太平寺（見一統志，）一說在歸州東屈沱（見歸州志，）一說在夔州（見杜甫最能行，）我們也不知所從。

他既是楚之同姓，他幼年的生活總是一種很安適的貴族生活。從他的作品看來，他一定受過很完全的教育學得了許多古代的掌故與神話，司馬遷也說他『博聞彊志。』語云『學而優則仕，』所以屈原做過楚懷王的左徒。左徒是後代左右拾遺之類的職位，只次於令尹。史記沒有說他任職的年月；但我們可從新序節士篇裏得到一些暗示：

秦欲吞滅諸侯，并兼天下。屈原爲楚東使於齊，以結強黨。秦國患之，使張儀之楚，貨楚貴臣……

張儀至楚，是懷王十六年的事。十六年以前，齊楚親善的唯一事蹟便是十一年的縱約。屈原能與這回縱約有關係，可見他任左徒必在此時以前，約當他二十五歲（西歷前三一九年）左右。此時懷王很信任他。司馬遷說他『明於治亂，嫻於辭令；入則與王圖議國事，以出號令；出則接遇賓客，應對諸侯。』他一定有許多關於政治上的作品，如懷王託他造的憲令之類；但都沒有傳下來。這個憲令卻是他終身悲劇的出發點。史記屈原賈生列傳說：

屈平屬草藳未定，上官大夫見而欲奪之，屈平不與。因讒之曰：『王使屈平爲令，衆莫不知。每一令出，平伐其功曰：「以爲非吾莫能爲也」』王怒而疏屈平。

上官大夫本來與屈原『爭寵而心害其能，』他在懷王面前進讒言總非一次；這次剛剛碰到懷王心坎上，故很有效。史記未說去職的年月，但下文接敘十六年絕齊事，可見去職總在這年以前，約當他三十歲（前三一四年）左右。於是他『嫉王聽之不聰也，讒諂之蔽明也，邪曲之害公也，方正之不容也，故憂愁憂思而作離騷』（史記。）

然而屈原的逆運，還不僅止褫個職，吟吟離騷而已。史記屈原賈生列傳說：

> 屈平既絀，其後秦欲伐齊，齊與楚縱親，惠王患之，乃令張儀佯去秦，厚幣委質事楚。

新序節士篇說：

> 秦國患之，使張儀之楚，貨楚貴臣上官大夫、靳尚之屬，上及令尹子蘭、司馬子椒，內賂夫人鄭袖，共譖屈原，屈原遂放於外。

秦人爲何如此仇視屈原？原來戰國時是個周秦楚三民族鼎峙的局面。七國中除秦楚外，惟齊最強，可代表周民族的末路。當時楚國的外交政策，不外親秦與親齊兩派。如懷王十一年與二十三年的縱約，便可算親齊政策的實現。如十六年的許秦絕齊，與二十四年的至秦迎婦，便可算親秦政策的實現。當時楚臣中如受張儀賂的靳尙與勸懷王入秦的子蘭，都可算親秦派。此外如吊懷王得商於的陳軫，與諫懷王入秦的昭睢，都可算親齊派。親齊卽是合縱，親秦卽是連橫。屈原深知秦的野心很大，故主親齊以合縱，免得上秦的當。他鋒芒最露，故秦人最忌他。但懷王既很信任秦人也無可如何。不料現在楚人自己疏了他，秦人有隙可乘，便進一步的運動放逐他出外。事在懷王十六年，他三十一歲（前三一三年）。至於地點，卻難斷定。他的作品中說及放逐的地點的，共有兩處：一是抽思所說的漢北，一是涉江哀郢所說的江南。（朱熹以漢北爲指郢都，實誤；郢都卽今荆州，在長江北岸，遠在漢水之南。）放於江南，既明爲頃襄王時事，則漢北當卽此次放逐的地點；而抽思也卽此時所作。

屈原既放，秦人便可爲所欲爲了。史記屈原賈生列傳說：

……張儀佯去秦，厚幣委質事楚曰：『秦甚憎齊，齊與楚從親。楚誠能絕齊，秦願獻商於之地六百里。』楚懷王貪而信張儀，遂絕齊，使使如秦受地。張儀詐之曰：『儀與王約六里，不聞六百里！』楚使怒去，歸告懷王。懷王怒，大興師伐秦。秦發兵擊之，大破楚師於丹淅，斬首八萬，虜楚將屈匄，遂取楚之漢中地。懷王乃悉發國中兵，以深入擊秦，戰於藍田。魏聞之，襲楚，至鄧。楚兵懼，自秦歸。而齊竟怒不救楚，楚大困。

此時懷王覺悟了，所以新序節士篇說：

是時懷王悔不用屈原之策，以至於此。於是復用屈原。屈原使齊。

這裏『屈原之策』卽指親齊與合縱的政策。懷王知道秦國狡詭不足恃，所以召回屈原，派他到齊國去修好。時在懷王十七年，他年三十二歲（前三一二年）此時齊楚間旣有屈原重新連絡，秦國便不能小覷楚國了。故史記屈原賈生列傳說：

明年，秦割漢中地與楚以和。楚王曰：『不願得地，願得張儀而甘心焉。』張儀聞，乃曰：『以一儀而當漢中地，臣請往如楚。』如楚，又因厚幣用事者臣靳尙，而設詭辯於懷王之寵姬鄭袖。懷王竟聽鄭袖，復釋去張儀。是時屈平……使於齊，顧反，諫懷王曰：『何不殺張儀？』

懷王悔，追張儀不及。

懷王經了這一番教訓，信任屈原的心又恢復了，故能聽他的諫言而追張儀。漁父稱他爲『三閭大夫，』大約卽在此時擔任。此事無確據，但他任三閭大夫在左徒之後，是可以斷言的——因爲若在其前，則漁父決不會以前任官銜相稱；若同時，則漁父也不會以較低的官銜相稱——故假定在此時最安。三閭大夫是管理王族三姓——屈，景，昭——的，與當時政治無甚關係；故自任此職以後，數年中相安無事，未曾招人的妒忌。

話雖如此說，屈原對於二十三年（？二十年）的縱約，也許有相當的關係。縱約既成，秦國便又設法破壞了。史記屈原賈生列傳說：

時秦昭王與楚婚，欲與懷王會。懷王欲行。屈平曰：『秦，虎狼之國，不可信，不如無行！』懷王稚子子蘭勸王行：『奈何絕秦歡！』懷王卒行。入武關，秦伏兵絕其後，因留懷王，以求割地。懷王怒，不聽；亡走趙，趙不內；復之秦，竟死於秦而歸葬。長子頃襄王立，以其弟子蘭為令尹。楚人既咎子蘭以勸懷王入秦而不反也；屈平既嫉之，……令尹子蘭聞之大怒，卒使上官大夫短屈原於頃襄王。頃襄王怒而遷之。

這是第二次放逐。懷王死於頃襄王三年，故放逐必在此時，屈原年四十八歲。（前二九六年。）此次放逐的路程詳載於哀郢涉江二篇中，可補史傳之不足。他作此二篇，卽在這個時候。

哀郢說：

民離散而相失兮，
方仲春而東遷。
去故鄉而就遠兮，
遵江夏以流亡。
出國門而軫懷兮，
甲之朝吾以行。
發郢都而去閭兮，
怊荒忽其焉極。……
過夏首而西浮兮，
顧龍門而不見。……
將運舟而下浮兮，

上洞庭而下江。……

背夏浦而西思兮，

哀故都之日遠。

這是說他在仲春甲日自郢都遵江夏向東，經夏首洞庭而至夏浦。夏浦是哀郢中最東的地名，他是否再向東走，我們不知道。他在夏浦住若干時，我們也不知道。（有據下文『陵陽』二字以爲他到過現在的江西，也有據文中『九年』二字說他在夏浦住九年，均誤，辯見拙作屈原評傳。）

涉江說：

哀南夷之莫吾知兮，

旦余將濟乎江湘。

乘鄂渚而反顧兮，

款秋冬之緒風。

步余馬兮山皐，

邸余東兮方林。
乘舲船余上沅兮，
齊吳榜而擊汰。……
朝發枉陼兮，
夕宿辰陽。……
入漵浦余儃佪兮，
迷不知吾之所如。

這是說他從鄂渚南涉江、湘、沅水，經上方林、枉陼、辰陽而入漵浦。鄂渚地近夏浦，可見涉江所記與哀郢相銜接。漵浦是涉江中最南的地名，他是否再向南走，我們不知道。（以上路線及地址詳見屈原卷首楚辭地圖。）

他二次被放以後，轉輾流離，不遑寧處。進不能贊畫國是，造福邦家；退不能息影田園，優遊卒歲。怨憤之餘，便自沉於汨羅，懷沙便是他的絕命詞。這自沉的來源很遠。他在壯年所做的離騷裏已說

『願依彭咸之遺則，』『將從彭咸之所居』了。幸而不久召回，故沒有實現。再放時全係水路，常常徘徊於江夏湘沅之間，故彭咸的故事一刻也忘不掉。他自沉的事實與地點的最早的記載，是賈誼弔屈原賦及莊忌哀時命，自然是可靠的。自沉的日期有左列七種異說：

（1）春（見新唐書杜亞傳）；
（2）元夕（見文文山元夕詩）；
（3）三月（見舊唐書敬宗紀）；
（4）三月三日（見王績三月三日賦及沈佺期獨坐驩州詩）；
（5）五月五日（見荊楚歲時記及續齊諧記等）；
（6）五月望日（見隋書地理志）；
（7）九月（見舊唐書穆宗紀）。

其中以五月五日之說較爲普遍；然以有以此日紀念介子推（見琴操）或子胥（見曹娥碑）的。就懷沙『孟夏』二字看來，我們以端節紀念屈原當屬合理。但是在那一年呢？這一點很難說，大約在頃襄王十年以前，西歷前二九〇年左右，時屈原年五十餘。

我們看了上文所述，知道他的傳記即是一個政治家的傳，即是一個失敗了的政治家的傳記。但他具有熱烈的情感和超越的詩才，故失敗的政治家一躍而為成功的詩人，而他的詩的成功亦種因於政治的失敗。這種互為因果的消息，我們可從他的作品裏參透。

章三　屈原的作品

結微情以陳辭兮，
矯以遺夫美人。
——屈原，抽思。

現在我們來研究他的作品。

他的作品的研究也與傳記一樣的困難，因爲他到底有幾篇作品，至今還沒有定論。大體講來，可分新舊兩派。舊派以王逸爲首，二千年來雖也異說紛紜；然皆以漢書藝文志所說『二十五篇』之數爲根據。新派以胡適爲首，近來學者亦各有主張；然大體皆不信漢志，另在作品本身上求證據。我個人自然是相信新派的，然近數年來也變遷了三次。第一次在屈原評傳（亞東本屈原卷首）裏，相信他有十一篇，卽離騷一篇，天問一篇，九章九篇。是第二次作楚辭（商務本）的引論便在九章中除去惜誦，思美人，惜往日，悲回風四篇，共剩七篇。第三次在中國詩史（第四篇第三章）裏，又減去天問與九章中的橘頌二篇，所以他的作品只有五篇。我覺得，總之，只有離騷，涉江，哀郢，抽思及懷沙五篇是眞的，其餘的二十篇（九歌十一篇，九章之半五篇，天問、遠遊、卜居、漁父四篇）都靠不住。關於新舊兩派各家的議論及我個人的主張，到後文『餘論』裏敍述。現在，先研究我所認爲眞的五篇。

這五篇中，離騷的時代最早，約當屈原三十歲左右。這一點，史記有明文，無庸致疑。有一部分的學者（如顧成天離騷解，龔景瀚離騷箋，王闓運楚辭釋等）以爲是流放以後所作，實無確據。所謂『屈原放逐，乃賦離騷』者，是指他作品全部而言。同時，我們能相信『左丘失明，厥有國語』的話嗎？而且詩中一則曰『朝誶而夕替』，再則曰『替余以蕙讓』，更是沒有流放的鐵證。『離騷』二字的意義，以班固的解釋爲最妥：『離，猶遭也；騷，憂也；明己遭憂作辭也。』（這本是楚的方言。國語楚語引伍舉說：『德義不行，則邇者騷離。』困學紀聞說：『伍舉所謂「騷離，」屈平所謂「離騷，」皆楚言也。』）後人要尊重這一篇，故在標題下加一『經』字，在別篇標題下加一『傳』字，實在是不妥當的。而且王逸竟因此誤認『經』字爲原有的名字，說什麼『經，徑也……猶依道徑以諷諫君也，』眞是可笑之至。全篇計二千四百九十字（據俞樾評註楚辭引陳深的統計，）爲抒情詩中第一篇長詩，與描寫詩中的招魂，說理詩中的成相辭，敘事詩中的焦仲卿妻等作品一樣。

就內容看來，可分兩段。第一段至記女嬃的話爲止，於眞的事實中夾些抒情的話。他首敍他的祖先，次敍他的生年，次敍他的名字。他自信有很高尚的人格，很充足的學識，並且有辦事的幹才。他惟恐春秋代序而修名不立，故汲汲於政治上的活動；以三后——楚之先王？——爲像，遵堯舜之道，想引懷王到正路上去。可是懷王太不中用，一有那些偸樂的黨人來離間，便悔遁而有他了。靈修數化，信讒而齋怒，遂至皇輿敗績，捷徑窘步。他自然不勝其鬱悒侘傺，但總不願從俗富貴以偸生。他以爲方圜不相合，是理之當然；忍尤攘詬以死，是古聖賢所贊許的。故寧願退避以修初服，芰荷爲衣，芙蓉爲裳，高冠岌岌，長佩陸離。苟昭質無所虧，便不爲人所知也不妨。這一百二十句中說話最無次序，只反反覆覆的說來說去。司馬遷所謂『一篇之中三致志』便是指此。他這樣發牢騷，女嬃便極反對他：她怪他鯀一般的悻直，怪他離而不服。他既遇不到同情，便要往觀四荒——這自然是理想而不是事實。自此以下便是第二段，假虛設的事實來表情。他先向重華（舜）述他以後的事——禹，啓，羿，浞，澆，桀，湯，紂等人的事——也說及自己的苦境。陳辭完了，便從蒼梧（傳說的舜葬的地方）出發到上帝處。他的路程是：（1）蒼梧，（2）縣圃，（3）咸池，（4）扶桑，（5）白水，（6）閬風，（7）春宮，（8）窮石，（9）洧盤等等。他理想中的扈從有：（1）羲和（日），（2）望舒（月），（3）飛廉（風），（4）鸞皇，（5）雷師，（6）鳳鳥，（7）飄風，（8）雲霓，（9）豐隆，（10）宓妃，（11）蹇修，（12）鴆，（13）雄鳩，（14）二姚等等。他這次旅行的結果是失敗，差不多沒有一次不碰釘子的。幾番失望之後，他自然要到靈氛及巫咸處問卜去了。他們兩人都勸他離開楚國，他便又到這些地方：（10）崑崙，（11）天津，（12）西極，（13）流沙，（14）赤水，（15）不周，（16）西海等等。他的扈從有：（15）鳳皇，（16）蛟龍，（17）西皇等等。正在陟陞皇之赫戲的時候，他忽臨睨夫舊鄉；於是僕夫也悲了，馬也不走了，他的遊歷終於不能繼續了。因此，他便在亂辭裏歸到死的決心。

　　這樣一首長詩不但是屈原的傑作，實可說中國三千年文學史上數一數二的作品。其影響之大，沒有第二篇可以比得上。我們若咬文嚼字的批評牠，未免有佛頭着糞之誚。現在只引些前人的話，以見其魔力之大：

（1）劉安　國風好色而不淫，小雅怨誹而不亂，若離騷者可謂兼之矣。……其文約，其辭微，其志潔，其行廉，其稱文小而其指極大，舉類邇而見義遠。其志潔故其稱物芳。其行廉，故死而不容自疏。濯淖汚泥之中，蟬脫於濁穢，以浮游塵埃之外；不獲世之滋垢，皭然泥而不滓者也。推此志也，雖與日月爭光可也。（史記屈原賈生列傳引。）

（2）班固　其文宏博麗雅，爲辭賦宗；後世莫不斟酌其英華，則象其從容。（離騷序。）

（3）劉勰　不有屈原，豈見離騷？驚才風逸，壯志煙高。山川無極，情理實勞。金相玉質，艷溢錙毫。（文心雕龍辨騷贊。）

（4）沈約　自漢至魏四百餘年，辭人才子各相慕習，原其飈流所自，莫不同祖風騷。（宋書謝靈運傳論。）

（5）蔣之翹　觀其悲壯處，似高漸離擊筑，荆卿和歌於市，相樂也已而相泣，旁若無人。悽惋處，似窮旅相思，當西風夜雨之際，哀蛩叫濕，殘燈照愁。幽奇處，似入山徑無人，但聞猩啼蛇嘯，木魅山鬼習人語來向人拜。艷逸處，似美人走馬，玉鞭珠勒，披錦繡，佩琳琅，對春風唱一曲楊白華。仙韵處，似王子晉騎白鶴，駐緱山最高峯，吹玉笙作鳳鳴，揮手謝時人，人皆可望不可到。（俞樾評註楚辭引。）

（6）馮夢正　攬其菁華，如浮雲之染空，映手脫去。玩其瑤實，將青春之無主，移人愈深。婉緬翺翔，從容綽至；來去如風雨之無從，明睇若日月之停照。（俞樾評註楚辭引。）

前四條是較早的評語，後二條因其比喻有趣故錄之。

其餘四篇——抽思，哀郢，涉江，懷沙——都是放逐以後所作。牠們篇幅較短，故前人把牠們合起來，加上幾篇漢人的僞作，統稱『九章』以配古代的九歌及宋玉的九辯，實在是不對的。我們須知牠們應該分別研究，不當混在一起。司馬遷散稱哀郢、懷沙，東方朔的擬作只有七篇，知漢初尚無九章之名。此名始見劉向九歎，大約是他擅加的。王逸并且說九章全是屈原放於江南所作，更是錯誤。卽就抽思而論，顯然是懷王時的作品。例如說蓀之多怒，自然指懷王的絀他放他；又說歷情陳辭，也與頃襄王不相干。最明顯的是篇中『昔君與我成言兮……反既有此他志』二句，可與離騷的

「初既與余成言兮，後悔遁而有他」二句對看。新序載懷王十六年放屈原之事（詳上章，）抽思卽此時所作。這回逐的地點在郢都之北，故抽思一則曰：『有鳥自南兮，來集漢北，』再則曰：『惟郢路之遼遠兮……南指月與列星。』時當秋季，悲風動容，望南山而流涕，聊南行以娛心，憂思不遂，作頌自救，故有『少歌，』有『唱，』又有『亂。』全篇大約可分爲兩段：自篇首至少歌爲一段，述懷王信讒疏己，而以少歌四句作結。自『唱曰』以後另是一段，述放逐後的情形，而以亂辭作結。我以爲最佳的是『唱曰』二十二句，我們每讀至此，不覺對於這位大詩人表十二分的同情，後人詩如古詩十九首的『愁多知夜長，』如沈約的『夢中不識路，何以慰相思，』都是從此脫胎出來的。

此外三篇則是頃襄王時放逐江南後所作。哀郢與涉江敍他放逐的路程最詳，實爲屈原傳記之無上材料（詳上章。）哀郢表現戀戀不捨的情緒最爲充分。如說『望長楸而太息，』如說『顧龍門而不見，』如說『何須臾而忘反，』如說『哀故都之日遠，』如說『出國門而軫懷，』如說『哀見君而不再得，』如說『登大墳以遠望，』如說『惟郢路之遼遠，』等等，等等，反反復復，說了又說，所以司馬遷讀了悲其志，卽千百年後的讀者也無不爲所感動。但涉江的技術卻更高明，牠代表兩種不同的情緒，一方面因爲等不到召回的消息而憤激，一方面又因從夏浦西上而躊躇滿志。故他說起話來非常高亢：他要與天地比壽，與日月齊光。不料後來越走越南，竟走到峻高蔽日的山中，又是幽晦多雨，又是霰雪無垠，於是屈原軟化了，又回到憂讒畏譏的本來面目來了：說什麼吾生無樂，說什麼愁苦終窮。這兩種表現都是很眞切的。我們讀了前半篇，便好像活現一個『慨當以慷』的人；讀了後半篇便好像活現一個『憔悴枯槁』的人。尤其可使我們佩服的，是他竟能把這兩種絕端相反的情緒容納在一篇裏，毫無牽強的痕跡。所以，離騷以後，可以做他的『接武』的，只此一篇而已。至於懷沙，乃是他的絕命詞。王夫之說得好：『其詞迫而不舒，其思幽而不著；繁音促節，特異於他篇云。』（楚辭通釋。）全篇每句字數較別篇爲少，卽是明證。別篇表情很婉轉，這篇卻說得格外痛快，而自殺的決心也格外堅定。這是爲什麼？因爲世界上沒有人知道他的『所藏，』沒有人知道他的『異采，』沒有人知道他的『所有，』沒有人知道他的『從容。』到了這個時候，不死何待？所以司馬遷替他作傳，獨載此篇；所以馮覲讀了，慨嘆道：『何其志之決而詞之悲也！』（俞樾評註楚詞引。）

以上，我們略將他的眞的作品論述了一下。他在中國文學史上佔有特殊的地位，是不用懷疑的。在他以前，不曾有過這樣一位偉大的純粹的文學家；在他以後，二千年來所謂『讀書人』幾乎沒有一個不讀他的作品的，讀了也沒有一個不崇拜的。二千年來無數作家，沒有一個不以他爲模範的，沒有一個不受他的影響的。二千年來，他的作品幾乎含有宗教的魔力，變成神聖不可侵犯的東西了。

章四　宋玉的生平

愴怳懭悢兮去故而就新，
坎廩兮貧士失職而志不平，
廓落兮羈旅而無友生，
惆悵兮而私自憐。
——宋玉，九辯。

楚民族自產生屈原以後，文學空氣陡然濃厚。流風所被，遂產生一大羣詩人。就史記屈原賈生列傳，漢書藝文志詩賦略及古今人表而論，有唐勒，宋玉，景差（差一作瑳）三人可考。不過唐景二人作品皆亡（大招亦非差作，詳後『餘論』）故只有宋玉與屈原並稱，爲楚文學之二大柱石。

現在我們先敍述宋玉的生平。這種工作比敍述屈原的生平更難，因爲材料更缺乏，研究的也更少，我們無所依傍。就我的淺薄的學問，唐以前關於宋玉的記載，約有二十餘條（詳見亞東本宋玉卷首拙作宋玉評傳。）現在，我從中抄出較重要的一半於後：

（1）韓詩外傳卷七　宋玉因其友見楚相，楚相待之無以異，乃讓其友。友曰：『夫薑桂因地而生，不因地而辛；女因媒而嫁，不因媒而親。子之事王未耳，何能於我？』宋玉曰：『不然。昔日，齊有狡兔，盡一日而走五百里；使之瞻見指注，雖良狗猶不及狡兔之塵。若攝纓而縱紲之，瞻見指注與？詩曰：「將安將樂，棄予如遺。」』

（2）史記屈原賈生列傳　屈原既死之後，楚有宋玉、唐勒、景差之徒者，皆好辭而以賦見稱。然皆祖屈原之從容辭令，終莫敢直諫。

（3）新序雜事第一　楚威王問於宋玉曰：『先生其有遺行邪？何士民衆庶不譽之甚也？』宋玉對曰：『唯，然，有之；願大王寬其罪，使得畢其辭。客有歌於郢中者，其始曰下里巴人，國中屬而和者數千人；其爲陽陵采薇，國中屬而和者數百人；其爲陽春白雪，國中屬而和者數十人而已也；引商刻角，雜以流徵，國中屬而和者不過數人：是其曲彌高，其和彌寡。故鳥有鳳而魚有鯨：鳳鳥上擊於九千里，絕浮雲，負蒼天，翱翔乎窈冥之上，夫糞田之鷃豈能與之斷天地之高哉？鯨魚朝發崑侖之墟，暴鬐於碣石，暮宿於孟諸，夫尺澤之鯢豈能與之量江海之大哉？故非獨鳥有鳳而魚有鯨也，士亦有之；夫聖人瑰意琦行，超然獨處，世俗之民又安知臣之所爲哉！』

(4)同書雜事第五　宋玉因其友以見於楚襄王，襄王待之無以異。宋玉讓其友。其友曰：『夫薑桂因地而生，不因地而辛；婦人因媒而嫁，不因媒而親。子之事王未耳，何怨於我？』宋玉曰：『不然。昔者，齊有良兔曰東郭㕙，蓋一日而走五百里。使之遙見而指屬，則雖韓盧不及衆兔之塵；若躡跡而縱緤，則雖東郭㕙亦不能離。今子之屬臣也，躡跡而縱緤與？遙見而指屬與？詩曰：「將安將樂，棄予如遺。」』

(5)同書同篇　宋玉事楚襄王而不見察，意氣不得，形於顏色。或謂曰：『先生何談說之不揚，計劃之疑也？』宋玉曰：『不然。子獨不見夫玄蝯乎？當其居桂林之中，峻葉之上，從容遊戲，超騰往來，龍興而鳥集，悲嘯長吟——當此之時，雖羿逢蒙不得正目而視也。及其在枳棘之中也，恐懼而悼慄，危視而蹟行，衆人皆得意焉。此皮筋非加急而體益短也，處勢不便故也。夫處勢不便，豈可以量功校能哉？詩不云乎：「駕彼四牡，四牡項領。」夫久駕而長不得行，項領不亦宜乎？易曰：「臀無膚，其行趦趄」此之謂也。』

(6)漢書藝文志詩賦略　宋玉賦十六篇。楚人與唐勒並時，在屈原後也。

(7)楚辭章句九辯序　九辯者，楚大夫宋玉之所作也。……宋玉者，屈原弟子也，閔其師忠而放逐，故作九辯以述其志。

(8)同書招魂序　招魂者，宋玉之所作也。……宋玉憐哀屈原忠而斥棄，愁懣山澤，魂魄放佚，厥命將落，故作招魂。

(9)傅歆舞賦　楚襄王既遊雲夢，使宋玉賦高唐之事，將置酒宴飲，謂宋玉曰：『寡人欲觴羣臣，何以娛之？』玉曰：『臣聞歌以永言，舞以盡意。是以論其詩不如聽其聲，聽其聲不如察其形。激楚、結風、陽阿之舞，材人之窮觀，天下之至妙。噫，可以進乎？』

(10)曹植洛神賦　黃初三年，余朝京師，還濟洛川。古人有言，斯水之神名曰宓妃。感宋玉對楚王神女之事，遂作斯賦。

（11）習鑿齒襄陽耆舊記卷一　宋玉者，楚之鄢郢人也，故宜城有宋玉塚。始事屈原。原既放逐，求事楚友景差。景差懼其勝己，言之於王，王以爲小臣。玉讓其友。友曰：『夫薑桂因地而生，不因地而辛；美女因媒而嫁，不因媒而親。言子而得官者，我也；官而不得意者，子也。』玉曰：『若東郭㕙者，天下之狡兔也，日行九百里而卒不免韓盧之口；然在獵者耳。夫遙見而指蹤，雖韓盧必不及狡兔也。若躡跡而放，雖東郭㕙必不免也。今子之言我於王，爲遙指蹤而不屬耶？躡跡而縱紲耶？』友謝之，復言於王。玉識音而善文，襄王好樂愛賦，既美其才而憎之似屈原也，曰：『子盍從俗，使楚人貴子之德乎？』對曰：『昔楚有善歌者，始而曰下里巴人，國中屬而和之者數百人。既而曰陽春白雪、朝日魚離，國中屬而和之者不至十人。含商吐角，絕倫赴曲，國中屬而和者不至三人矣。其曲彌高，其和彌寡也。』

（12）同書　楚襄王與宋玉遊於雲夢之野，將使宋玉賦高唐之事。望朝雲之館，上有雲氣，崪乎直上，忽而改容；須臾之間，變化無窮。王問宋玉曰：『此何氣也？』對曰：『昔者先王遊於高唐，怠而晝寢，夢一婦人暖乎若雲，煥乎若星，將行未至，如浮如停，詳而視之，西施之形。王悅而問焉。曰「我帝之季女也，名曰瑤姬；未行而亡，封巫山之台。精魂依草，實爲䔄芝；媚而服焉，則與夢期。所謂巫山之女，高唐之姬。聞君遊於高唐，願薦枕席。」王因幸之。』（太平御覽三九九引。）

(13)水經注　襄陽宜城南有宋玉宅。

(14)宋玉集序　宋玉事楚懷玉——友人言之王，王以爲小臣。玉讓友人。友曰：『薑桂因地而生，不因地而辛；女因媒而嫁，不因媒而親也。』（北堂書鈔三十三引。）

由此我們可以知道他的年代，籍貫，官職，師友，才學等等。然而這些都靠得住嗎？他能歷事威，懷，襄三朝嗎？

我們須知，這些記載有大半是不可信的。我們若要認取眞的事蹟與年代，須從他的作品上去推測。對於他的年代，可依據招魂（參看拙作屈原評傳。）招魂的亂辭敍楚王自國都南行至廬江打獵。廬江即今之青弋江，在安徽東南部。而楚都亦曾遷移數次：頃襄王二十一年以前在郢都，即今湖北江陵；二十一年至考烈王十年在陳城，卽今河南淮陽；十年至二十二年在鉅陽，卽今安徽阜陽；二十二年以後在壽春，卽今安徽壽縣。這些地點中惟壽春最合於亂辭裏的話，故招魂之作必在徙都壽春以後，卽在考烈王二十二年（西歷前二四一年）以後。他若生於屈原自沉的一年（前二九〇年），到作招魂時，他年約五十左右；到楚亡時（前二二二年），他年已近七十，大約就死於此時了。這生卒的假定自然沒有充分的證據，純粹以常理來推測的；但與史記漢書的記載，倒是非常符合的。至於事蹟方面，可從九辯裏知道一點。大概他是楚國鄉下的一位貧士，遠走京邑，以圖溫飽。不料不久便失職了，於是便潦倒終身。所失的職，大約卽宋玉集序所謂『小臣』，是否卽王逸所說的『大夫』則不可知。其年代大約與荀卿仕楚時（前二五五年）相近。——根據這兩種推測，我們對於宋玉的生平可以作一簡單敍述如下：

宋玉，楚人，大約生於西歷前二九〇年左右。他在考烈王時做過小臣，與威懷襄三王卻無君臣關係，與屈原也無師生關係。但不久卽失職，潦倒得很，作九辯。楚徙都壽春後，作招魂。尋卒，約當前二二二年左右。

章五　宋玉的作品

結撰至思，
蘭芳假些；
人有所極，
同心賦些。
——宋玉，招魂。

我們在上文說明宋玉與襄王無君臣關係，與屈原無師生關係。這兩點在研究他的作品時極形重要，因爲一般的誤解都是由此而起的。他的作品總數，漢書藝文志詩賦略說是十六篇；但現在已湊不滿這個數目了。王逸楚詞章句載二篇（九辯與招魂，）文選載五篇（風賦，高唐賦，神女賦，登徒子好色賦與對楚王問，）古文苑載六篇（笛賦，大言賦，小言賦，諷賦，釣賦與舞賦，）嚴可均全上古文又加入一篇（高唐對，）共十四節。依我看來，只有楚辭章句所載二篇是眞的，其餘都未必可信。牠們的僞證另詳下章『餘論，』現在先就九辯與招魂研究一下。

九辯實在是一篇整個的長詩，與離騷一樣。前人亦有把牠分成八章，九章或十一章的。（自『悲哉秋之爲氣也』至『蹇淹留而無成』爲第一章，自『悲憂窮戚兮獨處廓』至『心怦怦兮諒直』爲第二章，自『皇天平分四時兮』至『步列星而極明』爲第三章，自『竊怨夫蕙華之曾敷兮』至『仰浮雲而永歎』爲第四章，自『何時俗之工巧兮』至『馮鬱鬱其何極』爲第五章，此爲各本所同的。自此以下，分爲八章的本子，以『霜露慘悽而交下兮』至『蹇淹留而躊躇』爲第六章，以『何氾濫之浮雲兮』至『妒被離而鄣之』爲第七章，以『願賜不肖之軀而別離兮』爲第八章。分爲九章的本子，以『霜露慘悽而交下兮』至『恐溘死而不得見乎陽春』爲第六章，以『靚杪秋之遙夜兮』至『蹇淹留而躊躇』爲第七章，以『何氾濫之浮雲兮』至『下暗漠而無光』爲第八章，以『堯舜皆有所舉任兮』至『還及君之無恙』爲第九章。分爲十一章的本子，以『霜露慘悽而交下兮』至『信未達乎從容』爲第六章，以『竊美申包胥之氣盛兮』至『恐溘死而不得見乎陽春』爲第七章，以『靚杪秋之遙夜兮』至『蹇淹留而躊躇』爲第八章，以『何氾濫之浮雲兮』至『亦多端而膠加』爲第九章，以『被荷裯之晏晏兮』至『妒被離而鄣之』爲第十章，以『願賜不肖之軀而別離兮』至『還及君之無恙』爲第十一章。）這種辦法完全是錯的，我們應該把牠們合幷。

全篇的『母題，』不外因悲秋而發生身世之感，舊說以爲哀屈原者實誤。就文學的技術論，可分作三等。最佳的一部分自然『悲秋』的幾段。王夫之稱之爲『千秋絕唱，』那種悲歌可以當泣的氣概，眞是千秋絕唱。在秋天的自然界裏，他找得了自己，他了解了自己的命運。蟋蟀的哀鳴，鵾雞的啁哳，變成了他的葬歌；草木的搖落，明月的銷毀，變成了死神的啓示。這是他最成功的作品，而『宋玉悲秋』也成了文壇上的典故。此外感懷身世的一部分，便比較的差些；但我們還可窺見一些作者的個性。他與屈原是完全不同的。屈原是個失敗的政治家，性質是剛強的，激烈的，遇着不如意事便悲憤不能自已。宋玉卻是個落魄的文人，只有飲泣呑恨的話，而沒有高亢近於呪罵的語氣。這一點分別是很重要的。最下的是抄襲屈原的一部分。抄離騷的有：(1)『聊逍遙以相羊，』(2)

『何時俗之工巧兮』(3)『背繩墨而改錯，』(4)『滅規矩而改鑿，』(5)『老冉冉而愈弛，』(6)『長太息而增欷，』(7)寧戚謳於車下兮，』(8)『齊桓聞而知之，』(9)『載雲旗之委蛇兮。』抄哀郢的有：(1)『忠昭昭而願見兮，』(2)『堯舜之抗行兮，』(3)瞭冥冥而薄天，』(4)『何險巇之嫉妬兮，』(5)『被以不慈之僞名，』(6)『憎慍惀之修美兮，』(7)『好夫人之慷慨，』(8)『衆踥蹀而日進兮，』(9)『美超遠而愈邁，』(10)『忽翺翔之焉薄，』(11)『妬被離而鄣之。』由此可知宋玉對於屈原是很崇拜的，故受其影響頗深。就全詩看來，這抄襲只是大醇中的小疵，不害其爲第一流的好詩。我們特別要注意牠的音節。第一是雙聲疊韵字如『憯悽增欷，』『愴怳兮懭悢，』『坎廩……廓落，』『惆悵，』『萷櫹椮，』『形銷鑠，』『中憯惻，』『悽愴，』『從容』等等，都有聲韵上的關係的。第二是重文如『摶摶，』『湛湛，』『習習，』『豐豐，』『茇茇，』『躍躍，』『闐闐，』『衙衙，』『鏘鏘，』『從從，』『容容，』『專專』等等都是這是能夠使牠的音節更美使牠的價值更高的。

招魂也是一首近三百句的長詩。舊說誤認爲招屈原的魂，正與以九辯爲哀屈原一樣的可笑。

我鄉有一種很流行的風俗：譬如有人病了，家人以爲他的『火』（魂）嚇散了，便由最親近的人在夜深幽靜之時，手執掃帚，喊着病人的名字道：『某人歸來！某人歸來！』若病勢嚴重時，便特請巫覡爲之，口中唱着有韵的辭句。（我們稱之爲『叫火』，聽說北方便叫做『招魂』。）宋玉所作，疑卽這一類巫覡所唱的歌辭。上章曾說招魂的亂辭敍楚王由國都南行至廬江打獵，再看國策楚策一裏這一段記載：

於是楚王遊於雲夢，結駟千乘，旌旗蔽日，野火之起也若雲霓，兕虎嘷之聲若雷霆。有狂兕牂車依輪而至，王親引弓而射，壹發而殪。王抽旃旄而抑兕首，仰天而笑曰：『樂矣，今日之遊也！寡人萬歲千秋之後，誰與樂此矣！』安陵君泣數行而進曰：『臣入則編席，出則陪乘。大王萬歲千秋之後，願得以身試黃泉，蓐螻蟻，又何如得此樂而樂之？』王大說，乃封壇爲安陵君。

這段文詞與亂辭極相似，雖不能卽說是招魂的本事；然若與今日的民俗合看，則於此詩的意義便可瞭然了。總之，我們覺得牠與屈原決無關係，倒與荀卿依從杵聲來作成相是同樣的情形。

全篇可分三大段。第一大段自『朕幼清以廉潔兮』至『不能復用。』這是全篇的引言，述招魂以前的事情的先假託被招者自述的話，次述上帝向巫陽說的話，末是巫陽的答辭。（答辭至『不能復用』斷句。下文『巫陽焉乃下招曰爲句，』焉乃二字連文，猶言『於是。』王念孫讀書雜志曾舉遠遊『焉乃逝以徘徊，』與列子『焉洒觀日之所入』二句爲證，是不錯的。通行本以『不能復用巫陽焉』爲句，實誤。）這段無甚精采，不過以神話引入本文，似較勝於大招。第二大段自『巫陽焉乃下招曰』至『魂兮歸來，反故居些。』這是招魂的本文，又可分二小段。第一小段自首至『歸來！歸來！恐自遺災些』止，述楚國以外各處的危險——東方的，南方的，西方的，北方的，天上的，幽都的——叫『魂』不要混走。這些都是神話的記載：如『長人千仞，』『十日代出，』『得人肉以祀，』『對狐千里，』『雄虺九首，』『流沙千里，』『赤蟻若象，』『飛雪千里，』『虎豹九關，』『一夫九首，』『土伯九約，』『三目虎首』等等。這些描寫大約根據古代楚民族的傳說或者加上一些作者自己的想像力。第二小段從『魂兮歸來入修門些』起至末句，述楚國以內的各種娛樂，叫『魂』快些歸來。有精緻的房屋（如『高堂邃宇』『層台累榭』等句，）屋內有漂亮的陳設（如『砥室翠翹』『翡帷翠帳』等句，）屋外有悅目的風景（如『光風轉蕙』『紫莖屏風』等句，）還有講究的飲食（如『粔籹蜜餌』『瑤漿蠠勺』等句，）還有妙齡的美女（如『姱容修態』『娭光眇視』等句，）還有種種的把戲（如『箟蔽象棋』『晉制犀比』等句）——無論那一種描寫，總是極鋪張揚厲之能事，所以招魂是白描詩中的傑作。第三大段自『亂曰』至『魂兮歸來哀江南』述招魂的本事，是招魂的總結束。

我們看了這兩篇作品，知道屈宋並稱至今，不是偶然的。宋玉在文學史上的地位也許比屈原低些，對後代的影響也許小些；然這兩篇之爲古代第一流的傑作，是沒有懷疑的餘地的。

章六　餘論

隻眼須憑自主張。
紛紛藝苑說雌黃。
矮人看戲何曾見？
都是隨人說短長！
——趙翼，論詩。

關於屈原與宋玉的生平及其作品，上文已大略敍述過。他們在中國文學史上的地位，讀者當可瞭然。不過，他們的地位根據於他們的作品，而他們作品的眞僞卻是二千年來學者們久爭不決的問題。上文只就眞的作品加以研究，現在要對於僞的作品加以考證。爲限於篇幅，只能大略的說一說。（詳見拙作屈原評傳及宋玉評傳的兩篇『餘論。』）

第一先討論屈原的作品的問題。前章曾說前人的意見，可分新舊兩派。舊派以漢書藝文志詩賦略所說屈原有賦二十五篇爲根據，而又有許多不同的算法：

(1)王逸　他在楚辭章句裏認爲屈原作的是這幾篇：(1)離騷一篇，(2)九歌十一篇，(13)天問一篇，(14)九章九篇，(23)遠遊一篇，(24)卜居一篇，(25)漁父一篇，共二十五篇，與漢志數目相合。但另有大招一篇，說是『屈原之所作也，』又說『或曰景差，疑不能明也，』遂引起後代學者的爭論。

(2)朱熹　王逸於大招作者問題未下斷語，屈原到底有幾篇作品，尚是疑案。到宋代，洪興祖作楚辭補注，便根據漢志二十五之數，以定大招非屈原作；朱熹作楚辭集注，又根據古文苑所載大言賦小言賦，以定大招爲景差作。於是屈原作離騷至漁父二十五篇，幾乎成爲定論。

(3)姚寬　但持異議者亦頗不少。如姚寬在西溪叢語裏，便相信大招是屈原作的；還有那王逸以爲『不知誰所作也，或曰賈誼，疑不能明也』的惜誓，也說是屈原作的。同時，又在九歌十一篇裏刪去末二篇（國殤與禮魂）以符合漢志二十五篇之數。

（4）林雲銘　九歌作九篇計之說很流行，姚寬是一例，林雲銘在楚辭燈裏也如此，（不過他以國殤、禮魂合於山鬼，成爲一篇。）再加以大招及招魂二篇，仍爲二十五篇，（他因爲史記屈原賈生列傳有『招魂』篇名，故云然。）

（5）蔣驥　蔣驥在山帶閣註楚辭裏，也認大招、招魂爲屈原作，也以九歌作九篇計；不過他是合湘君、湘夫人爲一篇，又合大司命、少司命爲一篇的。

（6）陳本禮　陳本禮在屈辭精義裏，主張與林雲銘蔣驥大體相同；不過九歌以十一篇計，故共爲二十七篇。

（7）劉夢鵬　劉夢鵬在屈子章句裏，主張很特別：（1）離騷一篇，（2）九歌十一篇（篇目及次序與通行本同），⒀卜居一篇，⒁天問一篇，⒂招魂一篇，⒃哀郢九章九篇（首哀郢，次抽思，次橘頌，次思美人，次悲回風，次涉江，次惜往日，次惜誦，末爲遠遊），⒇懷沙一篇（包括漁父。）共計二十五篇。

(8)馬其昶　馬其昶在屈賦微裏，以九歌作十篇計（王夫之主張禮魂爲前十篇所通用的送神之曲，但仍以十一篇；馬其昶便進一步不認牠爲獨立的一篇，故僅十篇。）再加招魂一篇，共二十五篇。

(9)梁啓超　梁啓超的主張，初與馬其昶同；後來在要籍解題裏，又刪去九章中的惜往日，而加入九辨一篇，仍爲二十五篇。

以上各家以外，也還有幾種不同的算法（如葛立方韵語陽析所說，）不必一一羅列了。總之，是爲漢志所拘，很少獨具隻眼，獨抒已見的。這種隨隨便便的删一篇國殤，或加一篇大招的爭論，現在可以不了了之。

我們所要注意的是新派的議論。這派以胡適的讀楚辭爲首，這是在一九二二年八月的努力周報附刊的讀書雜志上發表的。這篇的證據很少，然附有一個假設的楚辭年表，卻是這一派一切討論的骨幹。近十年來許多『楚辭專家』雖有不少的異議；然很少能出乎此表範圍以外的。現在我們把此表抄錄於後：

(1)最古的南方民族文學	九歌
(2)稍晚——屈原?	離騷
	九章的一部分(?)
(3)屈原同時或稍後	招魂
(4)稍後——楚亡後	卜居,漁父
(5)漢人作的	大招,遠遊
	九章的一部分
	天問

現在,我們就來討論爲什麽九歌,卜居,漁父,大招,遠遊,天問及九章的一部分不是屈原作的。至於招魂,則留待後文論宋玉作品時再說。

先論九歌:

(1)胡適說:『九歌與屈原傳說絕無關係。細看內容,這九(?)篇大概是最古之作,是當時湘江民族的宗教舞歌。』（讀楚辭。）

（2）陳鐘凡說：『九歌之國殤云「車錯轂兮短兵接，」又云「霾兩輪兮縶四馬，」所寫皆爲車戰。考曲禮「前有車騎，則載飛鴻。」孔穎達疏：「古人不騎馬，經典無言騎者；今言騎，是周末時禮。」又於春秋正義曰：「古者馬以駕車，六國時始有單騎；蘇秦云：『車千乘，騎萬匹』是也。」……國殤言車而不及騎，其文出春秋之世，不識後世之有騎戰也。此又九歌前於屈子之證。』（楚辭各篇作者考。）

此外，我們要注意兩點：（1）舊說以九歌爲屈原修改南楚褻慢荒淫的樂歌，以表自己的寃結的；然而現在這十一篇仍言多兒女情的話，決無思君的意思。（2）九歌與離騷等篇比較起來，篇幅一長一短，內容一繁一簡，其演進之跡是很顯然的。故我們相信九歌是未經修改的古民歌，而不是屈原的作品。

次論卜居與漁父：

（1）崔述說：『謝惠連之賦雪也，托之相如；謝莊之賦月也，託之曹植：是知假託成文，乃詞人之常事。然則卜居、漁父亦必非屈原之所自作，神女、登徒亦必非宋玉之所自作，明矣。』（觀書餘論。）

(2)胡適說：『卜居漁父爲有主名的著作，見解與技術都可代表一個楚辭進步已高的時期。』（讀楚辭。）

專門關於漁父的有兩點可疑：(1)王逸的序是矛盾的，既說『漁父者，屈原之所作也』；又說：『漁父……遇屈原……怪而問之，遂相應答，楚人思念屈原，因敍其辭以相傳焉』：顯然是後人的記載。(2)史記屈原賈生列傳抄漁父，與抄淮南王離騷傳同例，而與載懷沙異例，顯然司馬遷未認爲屈原自己作的。故我們假定這兩篇是把後人的記載認誤的。

次論大招：

(1)胡適說：『大招似是模倣招魂的。招魂若是宋玉作的，大招決非屈原作的。』（讀楚辭。）

(2)梁啓超說：『細讀大招，明是摹仿招魂之作，其非出屈原手，像不必多辯。』（屈原研究。此篇發表在讀楚辭後三個月，故列於其後。）

此外還有幾點：(1)篇中所敍國界不是楚的，像是秦漢的。(2)招魂歷言鄭、衞、秦、齊、吳、蔡、晉、而無『楚』字；大招則一再說『楚，』口吻是不同的。(3)釋文篇次，大招列於最後，可見爲劉向原本所無。所以我們認此篇爲漢人假託之作。

次論遠遊：

(1)廖平說：『遠遊篇與司馬大人賦如出一手，大同小異。』(楚辭講義。)

(2)胡適說：『遠遊是模仿離騷做的。』(讀楚辭。)

而且(1)遠遊所表現的思想與離騷等篇不同：一是樂觀而一是悲觀；一是出世，而一是入世。(2)遠遊所舉人名如韓終等，爲屈原時所無。故爲漢人所僞託無疑。

次論天問：

(1)廖平說：『天問一篇……所用典故，全出山經、淮南。』(楚辭講義。)

(2)胡適說：『天問文理不通，見解卑陋，全無文學價值，我們可斷定此篇爲後人雜湊起來的。』(讀楚辭。)

（3）陳鐘凡說：『天問非楚辭。……天問非文學。……天問與屈子事實無關。……天問與楚國歷史無關。』（楚辭各篇作者考。）

至於天問到底屈原以前的或以後的作品，我們尙不能斷定。現在只知道不是屈原作的便是了。

最後論九章。就形式論，九篇可分三類：第一類全有亂辭，並另加題目，涉江、哀郢、抽思、懷沙四篇屬之。第二類全無亂辭，題目均取自首句，惜誦、思美人、惜往日、悲回風四篇屬之。第三類有題目與第一類同，無亂辭與第二類同，橘頌一篇屬之。第一類是眞作，第二三類爲僞作。現在把那五篇分別討論於後：

（a）惜誦——（1）胡光煒說：『惜誦係離合離騷文句而成。』（遠遊疏證。）（2）馮沅君說：『惜誦的五帝折衷一段，仿離騷的陳詞重華一段；又厲神占卜一段，仿離騷的巫咸靈氛一段；又擣石蘭一段，仿離騷歷吉日一段。』（楚辭研究改稿。）

（b）思美人——（1）陳鐘凡說：『思美人曰「願寄言於浮雲兮……與纁黃以爲期，」暗襲「跪敷衽以陳辭」「吾令豐隆乘雲兮」及「黃昏以爲期」諸句。』（楚辭各篇作者考。）（2）馮沅君說：『思美人的開春發歲一段仿招魂，又江夏娛憂一段仿哀郢。』（楚辭研究改稿。）

(c)惜往日——（1）曾國藩說：『惜往日「寧溘死而流亡兮」一段不似屈子之詞，疑後人僞託也。』（經史百家雜鈔）（2）馮沅君說：『惜往日有貞臣之稱，顯然是後人憑弔時的美稱；又有壅君之稱，亦不類屈原平時所以稱其君者。』（楚辭研究改稿。）

(d)悲回風——（1）陳鐘凡說：『言及屈子沈淵，明屬後人追悼之作。且屈子各文無述及淮河者。……篇中所用疊字……頗近九辯。』（楚辭各篇作者考。）（2）馮沅君說：『悲回風吸露漱霜一段乃方士語，與遠遊同；且屈原只說彭咸，後人擬作又加入子胥等，此篇亦然。』（楚辭研究改稿。）

(e)橘頌——（1）陳鐘凡說：『全篇僅一小小物贊，與荀卿賦篇之詠雲，詠蠶，詠箴頗相類似，屈宋文中絕無此體。』（楚辭各篇作者考。）（2）馮沅君說：『橘頌風致與離騷等篇迥異，似後人擬亂辭之體而作者。』（楚辭研究改稿。）

此外我們還可補充一點意見，但也不必多說了。由上列各家的證據，已可相信這五篇並非屈原的作品了。

現在討論宋玉的作品的問題。我們可以分三部分討論：第一部分是楚辭二篇；第二部分是賦十篇（文選載四篇古文苑載六篇）第三部分是散文二篇。第一部分，是我所認爲眞的作品；然而有人說是假的，故不得不先辯明幾句。疑九辯者，或以其『無哀師意』（文選旁證引焦竑）；或以釋文篇次列第二（梁啓超要籍解題。）關於前者，我們不必深辯，因爲這是毫無理由的。關於後者，我們可以說釋文篇次本不編年，不能拘泥的。疑招魂者，大都以爲是屈原作的。他們最重要的根據是史記屈原賈生列傳裏的話『余讀離騷、天問、招魂、哀郢，悲其志。』他們以爲這是司馬遷以招魂爲屈原作之證。其實司馬遷所舉莊子篇名大都僞作，何能過信？且如傳中所舉天問，卽是不可靠的作品，何況招魂？所以我們該求之於招魂本文。可惜他們所求的還是歧途。例如林雲銘在楚辭燈裏說招魂『不用君字而用朕字，』其實篇中『君』字多着呢。又如他以爲借巫陽下招是遊戲體，宋玉不當如此。這是很幼稚可笑的懷疑，試問爲何宋玉當如彼而不當如此呢？又如鄭沅在招魂非宋玉作說裏說一切鋪陳『非諸侯之禮不足以當之。』這是惑於舊說招屈原而誤會的，並不能搖動到作者問題。近來梁啓超在屈原研究裏說牠的理想文體不類宋玉，更空泛不足據了。我們要丟開那些歧途要知道招魂的出世在西歷前二四〇年左右，時屈原死已五十年，當然不能作招魂了。

其次討論那十篇賦爲何是後人僞託的：

(a)風賦——劉大白在宋玉賦辯僞裏說，賦中以『醒』與『泠』『人』韻，以『灰』與『餘』『廬』韻，均與古音不合，故爲『漢以後的人所僞託。』

(b)高唐賦——王闓運在楚辭釋裏說，高唐、雲夢、巫山『三地相去五千餘里，』不當拉在一起。劉大白在宋玉賦辯僞裏說賦中協韻與古音不合者凡四處：(1)以『石』韻『會』『蓋』等，(2)以『志』韻『蹠』『蓋』等，(3)以『禽』韻『等』『陳』等，(4)以『螭』韻『諧』『哀』等。而且末句『延年益壽千萬歲』乃漢樂府的濫調，可證此賦係漢人手筆。

(c)神女賦——劉大白在宋玉賦辯僞裏說以『備』『記』與『究』『首』『授』『覆』

韻，與古音不合，非宋玉作。

（d）登徒子好色賦——賦中一則曰『莫若楚國，』再者曰『楚國之麗者，』三則曰『南楚窮巷，』實與大招再三言『楚』同樣可疑。

（e）笛賦——章樵注古文苑說，賦中用宋意送荊卿的典故，可證非宋玉作。劉大白在宋玉賦辯僞裏說，賦中不合古音者四處：（1）以『阜』韻『起』『右』等，（2）以『明』韻『存』『生』等，（3）以『楚』韻『寶』『道』等，（4）以『靡』韻『手』『鬱』等。而且淸商爲漢樂府調名，而賦中有『吟淸商』之句，可證是漢人所僞託。

（f）諷賦——此賦前半篇擬登徒子好色賦，後半篇擬司馬相如美人賦。登徒子好色賦之不可靠已詳上文，美人賦是否司馬相如作尙成問題。無論如何，總可證此賦之晚出。

（g）釣賦——此賦結構是仿風賦的，而且『昔殷湯以七十里，周文以百里』顯然是抄孟子的，故非宋玉作。

（h）大言小言賦——劉大白在宋玉賦辯僞裏說，賦中以『備』與『偉』『貴』『類』

『位』等字相協，不合古音，知係僞託。

以上很簡單的將各篇僞證說明一下，我想已够使讀者知道牠們不是宋玉作的了。

最後討論那兩篇散文。第一篇對楚王問的記載，與新序雜事第一所載宋玉軼事相同（參看前章所引，）其體裁又與假託於屈原的卜居漁父一樣，其非眞作，不問可知。何况我們已證明宋玉與楚襄王無君臣關係呢？第二篇高唐對顯然是高唐賦首段的異文，即不然，也是與卜居、漁父同爲旁人的記載，被後人誤認爲宋玉自己作的。這一點是很明顯的，不必再多辯論。

以上算是把屈原宋玉的作品的考證，用最少的字數寫下來了。對於只想知道一點楚辭常識的讀者，我想已可滿足他的需要了。如果有人想進一步作專門的研究，我希望他依照後文參考書目去鑽尋去。

十九，一，三十一，作於上海。

附　參考書目

上

楚辭章句　王逸　通行本
楚辭補注　洪興祖　通行本
楚辭集注　朱熹　通行本
離騷草木疏　吳仁傑　龍威祕書本
離騷集傳　錢杲之　通行本
屈宋古音義　陳第　通行本
楚辭通釋　王夫之　船山遺書本
楚辭燈　林雲銘　通行本
天問補注　毛奇齡　西河全書本

山帶閣注楚辭	蔣驥	四庫全書本
楚辭辨韻	陳昌齊	嶺南遺書本
離騷解	顧成天	通行本
離騷箋	龔景瀚	通行本
屈子章句	劉夢鵬	務本源本
屈辭精義	陳本禮	通行本
屈原賦注	戴震	廣雅書局本
楚辭天問箋	丁宴	廣雅書局本
離騷彙訂	王邦采	廣雅書局本
屈子雜文箋略	王邦采	廣雅書局本
離騷正義	方望溪	通行本
楚辭約注	曹同春	康熙刊本

楚辭節注	姚培謙	乾隆精刊本
楚辭韻讀	江有誥	原刻本
評注楚辭	俞樾	通行本
楚辭釋	王闓運	光緒衡陽刊本
屈賦微	馬其昶	集虛草堂叢書本
屈宋方言考	李翹	岺熏館本
楚辭	陸侃如	商務本
屈原	陸侃如	亞東本
宋玉	陸侃如	亞東本

下

屈子生卒年月考	陳瑒	附端木刊本楚辭卷末
招魂非宋玉作說	鄭沅	中國學報第一期

楚辭講義	廖平	稿本
讀楚辭	胡適	胡適文存二集卷一
屈原研究	梁啓超	學術講演集第三輯
遠遊疏證	胡光煒	稿本
楚辭各篇作者考	陳鐘凡	暨南大學南音創刊號
宋玉賦辯僞	劉大白	小說月報號外中國文學研究上
楚辭研究	馮沅君	改稿本
橘頌的商榷	鍾少祥	中國公學文學季刊創刊號
離騷疑	朱兆新	述學社月報三卷二號
橘頌釋題及作者考	張聯芬	述學社月報三卷三號
屈原傳說	湛然橫陸八傑	述學社月報三卷三號